寻找英雄的足迹

铁血后卫
董振堂

苏有郎　杨子叶◎著

河北出版传媒集团

花山文艺出版社

河北·石家庄

图书在版编目（CIP）数据

铁血后卫董振堂 / 苏有郎，杨子叶著. —石家庄：
花山文艺出版社，2021.6（2022.7 重印）
　　（寻找英雄的足迹 / 王凤，李延青主编）
　　ISBN 978-7-5511-5666-0

　　Ⅰ.①铁… Ⅱ.①苏… ②杨… Ⅲ.①传记文学—中
国—当代 Ⅳ.①I25

中国版本图书馆CIP数据核字（2021）第065937号

丛 书 名：寻找英雄的足迹
主　　编：王　凤　李延青
书　　名：**铁血后卫董振堂**
　　　　　Tiexue Houwei Dong Zhentang
著　　者：苏有郎　杨子叶

策　　划：郝建国
统　　筹：王福仓　王玉晓
责任编辑：李　伟　杨丽英
责任校对：齐　欣
美术编辑：胡彤亮　陈　淼
出版发行：花山文艺出版社（邮政编码：050061）
　　　　　（河北省石家庄市友谊北大街330号）

销售热线：0311-88643221
传　　真：0311-88643234
印　　刷：三河市东兴印刷有限公司
经　　销：新华书店
开　　本：880×1230　1/32
印　　张：6.875
字　　数：130千字
版　　次：2021年6月第1版
　　　　　2022年7月第2次印刷
书　　号：ISBN 978-7-5511-5666-0
定　　价：23.00元

董振堂

　　1895 年出生于河北省新河县一个农民家庭，早年参加冯玉祥的西北军。1931 年 12 月 14 日，率部举行了举世震惊的宁都起义，加入红军，屡立奇功。长征时，他率领的红 5 军团担任后卫任务，血战湘江、扼守石板河、血战高台，被誉为"红军铁后卫"，毛泽东称他为"坚决革命的同志"。

写 在 前 面

◎郝建国

习近平总书记一直高度重视对英雄的宣传和学习，指出："全党全社会要崇尚英雄、学习英雄、关爱英雄，大力弘扬英雄精神，汇聚实现中华民族伟大复兴的磅礴力量。"（2020 年 10 月 21 日习近平给四川省革命伤残军人休养院全体同志的回信）

我们组织推出此套丛书，即是贯彻落实习近平总书记重要指示精神的一个实际行动，是"不忘初心、牢记使命"的一次具体实践。

曾几何时，英雄这一神圣的群体，被明星的光环遮蔽，在不少年轻人的心中，当年妇孺皆知的共和国英雄，似乎离他们越来越远。追星族挖空心思了解明星们的各种癖好，而对开国英雄们的事迹竟然一无所知。相比于二十世纪五六十年代人们对英雄的崇拜和对英雄事迹的传颂，当下对英雄，尤其是为中华人民共和国成立立下不朽功勋的英烈们的颂扬，显得有些薄弱。

一个淡忘英雄的国家，难以面向未来。

让英雄重归视野、永驻心田，是我们组织创作出版这套"寻找英雄的足迹"丛书的初衷，也是所有参与此项工作的领导和工作人员的心愿。

丛书由河北省作家协会组织创作，由花山文艺出版社编辑出版发行。八位写作者，都是河北省文学界颇有实力的中坚力量，活跃于文学创作领域。他们用生动的笔触，表达对英雄的敬仰和缅怀，在采访和搜集资料的过程中，付出了不少辛劳，在此表示由衷的感谢。

丛书的传主李大钊、董振堂、赵博生、佟麟阁、狼牙山五壮士、马本斋、董存瑞、戎冠秀，都是入选"100位为新中国成立作出突出贡献的英雄模范人物"的河北籍英烈，其事迹具有全国影响力和彪炳史册的震撼力。他们属于河北，更属于中国。由于以前曾经出版过很多记述他们英雄故事的书籍，为了能够吸引当下青少年阅读，我们另辟蹊径，寄望在"寻找"的过程中，发现新事迹，挖掘新材料，带给读者全新的阅读体验。

丛书以青少年为主要读者，因此，写作中力求可读性强，避免史料的堆积和过于浓重的学术表述，让阅读者在潜移默化的感染中，学习英烈们的精神，汲取向上的力量，珍惜来之不易的幸福生活，热爱先烈们抛头颅洒热血建立的新中国，为实现中华民族伟大复兴的中国梦发奋工作。

为了打造出一套高质量的精品图书，作者们数易其稿，编辑们反复审读，河北省作协多次召开协调会，从写作动机、行文风格、读者对象、宣传方案到编辑体例、数字用法都进行了深入研讨，并将丛书列为向中国共产党成立一百周年的献礼图书。其间，得到中共河北省委宣传部领导的大力支持和指导，丛书被列为河北省优秀出版物选题并给予资金支持。

从资料的搜集、整理到对相关人物的采访，特别是写作的创新，其间都面临着巨大的挑战。时代在前进，人们的阅读习惯发生了巨大的变化，我们的尝试能否达到令读者满意的效果，现在还是未知数。不管怎样，我们用一颗虔诚的心，回望英烈们的感人事迹，探寻他们的初心，为当代人树立起一面面闪光的旗帜，这个朴素的想法，其实在丛书付梓之时即已实现。

限于资料的收集范围，加之时间紧迫，书中的疏漏之处在所难免，恳请读者批评指正。

让我们一起讴歌英雄，缅怀英雄，学习英雄，踏着英雄的足迹不断前行！

目　录

CONTENTS

一、海河在这拐了弯

提起中国工农红军二万五千里长征，人们自然会想到湘江血战的惨烈，想到爬雪山过草地的艰苦卓绝，想到四渡赤水、巧渡金沙江、强渡大渡河的红军战士的勇敢顽强，但人们却很少想到，这些胜利的背后，有一支后卫部队。正是有了这支部队的断后保障，才使红军长征取得一个又一个胜利。

红军长征时，在部队流传着一个著名的说法：林彪率领的红1军团擅长突袭和伏击，彭德怀率领的红3军团善于正面进攻与近身肉搏，董振堂率领的红5军团是打阻击的硬手。

红5军团被人们称为"铁流后卫"，赞为"守无不固""红军的铁屁股"。这个部队十过雪山、三过草地。

红军长征中最悲壮惨烈的阻击战是红5军团34师的湘江血战，西路军最悲壮的战役是董振堂率领的红5军团的高台血战。毛泽东赞他是"坚决革命的同志"。

时间不会湮没任何有功于历史的人。2009年，董振堂被评选为"100位为新中国成立做出突出贡献的英雄模范人物"。近几年，电影《血战湘江》的火爆，电视剧《绝命后卫师》的热播，央视《国家记忆》的一次次回顾，使人们越来越清楚地认识了红5军团和红5军。西路军那段悲壮的历史，更是一次又一次被人们提起。

绵延千里的海河大堤，聚派河、漳河、滏阳河、澧河、洺水河等十几条河流之波，直通渤海，显示着中华民族人定胜天战无不胜的精神，这是一项充分显示中华民族气魄的水利工程，在新中国水利史上具有里程碑意义。

可是，当这条海河大堤走到新河县西李家庄村西北时，忽然拐了个弯，绕过一小片墓地。之所以拐这个弯，不是因水流的高低，也不是因地势的起伏，而是因为一个人。

1963年8月2日至9日，华北地区连下七天大雨，海河流域暴发了历史上罕见的特大洪水。保定、衡水、沧州共七个专区一百零二个县（市）被淹农田五千三百六十一万亩，被淹县城三十六个，受灾人口四千零七十九万人，死亡五千三百多人。这场洪水，给河北省造成的直接经济损失达八十多亿元。灾情发生后，毛泽东主席挥笔写下：一定要根治海河！

在灾后的八个月里，毛泽东曾四次到河北视察灾情。迅即，河北、山东、北京、天津各地浩浩荡荡的治河大军，从太行东麓到渤海之滨，全面展开了根治海河的大会战。这是一项国家大行动，其声势之大、规模之巨，前所罕见。

河北省宁晋县有一个三千多人的毕家庄，需要整体搬迁。

离开祖祖辈辈生活的故土，谁也不愿意，村民们一商量，集体找到治理海河的有关领导问："你们为了一个人的祖坟，而使海河绕道，我们一个村子数千口人，为啥就不能不搬？"县领导说服不了村民，让他们去找上级有关部门。他们最后竟然找到中央领导。中央领导说，你们全村人的功劳也没他一个人的大，就凭这个！你们全村必须搬，而他的祖坟不能动。这一句话，使毕家庄的人一下子哑口无言。

这个村里的人都知道，"他"叫董振堂。

按照治理海河工程设计，董振堂的祖坟在海河泄洪道里。遇有洪水，必将冲毁墓地。地方领导于心不忍，特地逐级向上汇报。各级领导皆感到事关重大，无法决定。此事惊动了毛泽东主席和周恩来总理，毛泽东和周恩来共同指示水利部门：保护董振堂祖墓，大堤绕弯而过！

于是，海河绕行。董氏祖墓完好地保存在泄洪道以外。

2019年1月20日，笔者在董振堂的长孙董乃煌的引领下，来到董振堂家乡——河北省新河县西李家庄，拜谒董振堂墓。董振堂墓位于西李家庄西北方向，在滏东排河与海河大堤相接处。正是寒冬时节，百草枯萎，万木肃静，海河大堤上寂无行人。"董振堂将军纪念碑"与董氏的几位祖亲石碑，有序地排列在海河大堤的弯背上。董振堂的墓碑高约三米，前后依次排列的是董氏其他先人。若不是纪念碑上刻的"董振堂将军之墓"字样，谁都不会想到，这座朴实简约的墓地里，竟安葬着一位声震中国革命史的一代名将。

我们默默地伫立在这座大堤上，沉思良久，它虽然历经半个世纪的风雨侵蚀，坚固依然。毛泽东和周恩来出人意料的决定，包含着一代伟人对一位英雄多少的深情！

董振堂，中国共产党最后一位战死沙场的中革军委委员，相比于中国工农红军中其他同级将军来说，也许普通百姓知道得并不太多，甚至太少。但是，如果我们提起宁都起义，提起湘江血战，提起爬雪山过草地，提起四渡赤水，提起强渡大渡河，提起巧渡金沙江，提起高台血战，提起西路军，略微有点儿中国革命历史知识的人，就不会不知道。

红军二万五千里长征，负责后卫阻击任务的，即是董振堂率领的红5军团！

可以说，没有董振堂，就没有红5军团的荣光；没有红5军团，红军长征的时间可能会更长！

董振堂——为新中国成立立下了汗马功劳。

二、家仇国恨立远志

2019年一个阳光明媚的冬日，我们来到西李家庄。这是华北平原上一个很普通的村落，街道布局与房屋排列规范有序，水泥路面整洁无染，偶尔有村民悠闲地行走。路两边粉白的墙壁上，写着各种宣传国家方针政策的标语。只是，这个村子多了一项宣传内容，特别引人瞩目，就是关于董振堂故事的连环画。迎接我们的西李家庄老支书宋振全激动地说："这是村里为了纪念董振堂而专门请人画的，以不忘先烈。这是我们西李家主的光荣，我们永远不会忘记他！"

董振堂，可不仅仅是西李家庄人的光荣，而是全中华民族的光荣。

董振堂兄弟三人，皆儿孙满堂，大多数都在外地工作。目前，只有董振堂哥哥董升堂的四儿子董光模之子董乃正和长子董光权的孙子董培基在村里居住，过着普通农民的生活。在这间普通的农家小宅里，我静静地倾听董乃煌和董乃正娓娓叙说一个英雄祖父的故事。

清朝末年，朝廷腐败，政府无能。1895 年 4 月，清政府与日寇签订了丧权辱国的《马关条约》，更使全国人民生活在水深火热之中。董振堂就出生于这年的农历十一月六日。他父亲叫董俊清，母亲叫赵书田。董俊清家是自耕农，夫妻俩勤俭持家，躬耕稼穑，丰收年景，仅可自给自足；一遇自然灾害，就要忍饥挨饿，吃糠咽菜。董振堂幼年时，遇到华北大旱，连续三年颗粒无收。接着霍乱流行，全家老小七口都被感染。董振堂的祖父祖母相继死亡。董振堂也差点儿死去。家人治病和老人的丧葬费用只好去借高利贷。那年，董振堂才八岁。

"爷爷小时，我们家境贫寒、爷爷却勤奋好学，有救国救民之志。"提起爷爷董振堂，董乃煌就有一种自豪感洋溢在脸上。

在董振堂十来岁的时候，也是八国联军侵略中国之后，外国人在离西李家庄五里的毕家庄建立了天主教堂，发展教徒。董振堂家的地和毕家庄相连，每到麦收时，毕家庄的教徒就来抢劫，并且专门等麦子装上车后来抢，连车带麦子一起抢走，一年辛苦化为乌有。董振堂父亲去县衙告状，县官不敢惹洋人，根本打不赢官司。那些教徒更加猖狂，董俊清气愤地大骂教徒："你们仗着洋人的势力，欺压百姓，甘作洋奴，真是无耻！"这些话被教徒张三听到，他纠集一伙匪徒，用木棍把董俊清打得头破血流，还捅了九刀，差点儿丧命。董振堂自小就听老人们讲八国联军侵略中国和义和团勇斗洋鬼子的故事，目睹家仇国恨，他小小的心灵深处被深深地刺痛，暗下决心：长大一定要争口气，为父亲报仇，保家卫国。董振堂对父亲说："让我念书去吧，我要好好念书，学了本事，他们就不敢再骑到咱头上欺侮我们了。"但因家境贫寒，家里只能供一个孩子上学，董振堂排行老二，哥哥升堂已经上学，他与弟弟志堂只能帮家里干农活，割草、捡柴、拾粪。直到十三岁，父母才在他的再三恳求下让他入初小读书，成为班里年龄最大的学生。

董振堂自小憨厚寡言，一个十三岁才上学的衣着破烂的穷孩子与七八岁的衣着鲜亮的富家子弟同堂读书，被人看不起和嘲笑是必然的。每遇此景，他更是默不作声，苦读勤学。家里无钱买笔墨纸张，他就用麻绳制成笔蘸水在墙上苦练写字。他白天在学校苦苦用功，放学回家帮家里干活。他还跟父亲学习武术，从不浪费时间。他经常与哥哥董升堂共买一本书轮流阅读。他勤奋好学，从不因自己吃穿不如他人而自卑，他常被同学中的纨绔子弟轻视耻笑。于是，他愤愤地对哥哥说："我要发愤图强，争取青史留名。"他在初小、高小、中学和军校读书时期，历届考试，董振堂均名列前茅。一位刘姓的老师在他的语文试卷上写下"鹤立鸡群"的评语。中学毕业时，董振堂荣获"优秀模范学生"的称号。

1917年，董振堂中学毕业。由于家境贫困，他不能继续读书，无法实现自己挽救国家危亡和替父报仇的愿望，于是他便在毕业时，再三嘱咐在北京的兄长代他报考北京清河陆军预备军官学校，因为此校是公费学校。正在董振堂等候发榜之时，张勋复辟，北京发生战乱，他只好返乡。8月15日董振堂接到复试通知，却遇河北省很多地方发大水，平地水深丈余，他只能冒着危险不分昼夜急急赶到北京。由于交通中断没到的学生太多，学校只好延迟三个月复试。在等候复试的日子里，他既没钱吃饭，又缺衣御寒。只有尽最大的努力，奋发备课，企求复试必中。最后，董振堂以优异成绩考中。北京清河陆军预备军官学校不仅免学费，吃住也免费，每月还发钱。那时北京物价特别便宜，一般学生甚至还能节省有余。一些富家子弟常在节假日去城里大吃大喝，虚度时光。董振堂却抓住时机，勤学苦练，是班里最用功的学生。无论学科和术科，他成绩皆优。生活中他更不浪费分文，为家里节省贴补。

1919年12月1日，董振堂军校毕业，被分配到北京北苑边防军第一师炮兵团充军官候补生，深入钻研炮兵专业。半年学习期满，他直接升入保定陆军军官学校。

1920年夏，直皖战争后，保定军校被乱兵焚毁，暂时停办。又值华北大旱，董振堂家中颗粒无收，生活困难，他便投靠孙岳任旅长的陆军第15混成旅当新兵，历经磨炼。

1921年秋，保定军校开学，董振堂重新入学。保定陆军军官学校，是中国近代史上成立最早、规模最大、设施最完善、学制最正规的一所高等军事学校，主要培养初级军官，学期两年，分步、骑、炮、工、辎重兵五科，是参照德国与日本的军事教育，结合中国实际情况制定而成。其学制章程参照日本士官学校，教官和科队长多聘留德、留日学生及陆军大学和本校优秀毕业生担任。这个学校自 1912 年至 1923 年期间，共办过九期，毕业生六千多人，其中不少人后来成为黄埔军校的教官。这是一个孕育将军的摇篮，董振堂以优异成绩毕业。

三、东征西杀心茫然

　　董振堂是一个具有远谋的人，在这一点上，没有谁比何基沣更了解他了。何基沣与董振堂先为同学后成同事，一起相处长达十五年，用何基沣的话说，他们是"总角之交，是知己朋友，是生死患难的兄弟"。

　　何基沣在回忆文章中还深情地说，他的一生，受董振堂影响最深。1917 年，他们一同考进北京清河陆军预备军官学校，毕业后，他和董振堂共三十名同学一同被派到冯玉祥部下见习。何基沣、董振堂和另两名同学被选派在第 11 师参谋处工作。他们共同经历了西北军由建立到极盛的时期，共同经历了大革命时期，又共同参加了北伐和讨蒋战役，直到 1931 年冬，董振堂在宁都领寻暴动加入工农红军，他们才分开。

　　1923 年夏，何基沣和董振堂等四名同学一同到南苑陆军 11 师参谋处出差，任务是描画地形图，但主管部门却不给制图仪器，只给每人一支毛笔，四人合用两盒药墨，一百多幅地形图限期两个月完成。他们每天大汗淋漓地最少要干十三四个小时，工作相当紧张，而生活待遇却只有陆军部所规定的一半，理由是陆军检阅使署的特殊情况。生活苦，工作忙，他们不怕，最令人难以忍受的是这里的奴隶制。一个多月后的一天，冯玉祥把当地参谋教官和见习军官一百多人召集到大军帐前讲话。冯玉祥大讲"军人以服从命令为天职，就是上级错了也不准申述辩论"的大套道理。冯玉祥讲完后，立即命人把张济和郜超两个参谋带过来，罚郜超跪在阶下。又一声大喊，命人把张济拉倒在地，令参谋长石敬亭掌刑痛责四十棍，然后丢出帐外。同学们一个个吓得面面相觑。回去后，他们晚饭都吃不下。

冯玉祥的部队军规森严，是他们早就知道的，但谁也没料到竟如此野蛮。之后不到一星期，三十多名见习军官逃跑过半。他们被挑选绘图的四个人，除董振堂外，都感到前途暗淡，因而画图工作的进展也慢了下来。何基沣利用假日，两次进城托亲戚和老师，想另找出路。

董振堂年龄最大，他们经常称呼董振堂"绍仲兄"（董振堂的号）。董振堂看到他们这样，对他们更热情了，经常嘘寒问暖，给他们备茶备水，他们仍长吁短叹。另外两人更是不时发牢骚、骂大街。何基沣则逃跑的主意已定，较少言语。

一天，那两个同学进城，何基沣和董振堂两人一直工作到下午，有些累了，董振堂对何基沣说："你休息休息，我们来谈谈心吧，看样子你是非走不行了。"

何基沣反问："你怎么知道的？"

董振堂说："不要瞒我，我观察了这几天，还看不出来嘛，你为什么改变了志愿呢？"

这时，何基沣才把心里话对他讲了，说："主要是我看透了这位将军也是个彻头彻尾的军阀。以前，我全心全意想跟着他救中国，现在，知道根本没有希望，所以决定走。"何基沣说完，眼泪禁不住流了出来。

董振堂听何基沣说完，微微笑了笑，安慰他，要他不要着急。董振堂说："我们详细谈谈吧。我同意你所说的这个部队不能救国的话，但是，我完全不同意你一定要走的打算。"

董振堂的这些话弄得何基沣丈二和尚摸不着头脑，急追问董振堂："谁能救国？在哪里？你赶快告诉我。"

董振堂说："告诉你不难，但有个条件是你得打消走的念头。"

何基沣说："如果真有能救国的军队，我一定照你的意见办。"

董振堂到院子里转了一下，看看房子外面有没有人偷听，回来后对何基沣说："千万要保密，古人讲得好：'事之不秘，反害于成。'救中国的只有共产党，共产党刚成立不久，前年7月才在上海开过第一届全国代表大会，那时我正在上海北洋军队里当文书，听到了一点儿消息，也看见过一些宣传品。但是，我们现在只是赤手空拳，能怎么办呢？只有立定志向，埋头苦干，锻炼身心，互相勉励，不怕困难。当了排长就管理几十支枪，当了连长就可以有一百多支枪，愈发展力量就愈大。这个队伍是军阀队伍，但毕竟还是用人凭能力，不是专凭门户。我们干上几年，借着他的梯子好上房，等我们掌握了实力，有了机会，不就可以救国了吗？"

何基沣听了这番话，又惊又喜，当即决定留下不走了，并且愿意与董振堂互相勉励，坚持苦干几年。

每当提起这段经历，何基沣都对董振堂感佩不已："后来，事实证明完全如董振堂同志所料的那样。那一年冬天，我们两人就一同当上了排长，第二年冬又同时当上了营长，第三年就都接连当上了旅长、师长。但到1928年冬，我们又一同被缩编掉了。这一次，我再也坚持不下去了，便要求上北京陆军大学学习。当我从南京去北京绕道郑州去看他时，董振堂批评了我一番，不同意我离开部队。但由于我顽强地坚持己见，他终于无可奈何了。这也是我们最后一次见面。此后，整整三年，我从陆军大学毕业，同时也就失了业，而董振堂同志却光荣地实践了他十年前的志愿——在宁都起义参加了革命。"

1923年，董振堂从炮兵科毕业，被派到冯玉祥部下见习，期满后被任命为学兵团炮兵排长。虽是排长，却没有一点儿浮华奢侈习气，他把士兵当作兄弟，从不对士兵颐指气使。在连里同士兵过着一样的生活，吃得粗，穿得旧，出操，上讲堂，抬土挑砖。他与士兵同甘共苦，一切士兵能做的事，他都能做。一天，董振堂同士兵们一起争先恐后地抬土挑砖，修建营房，正好被亲临视察的冯玉祥看到，当场对他的吃苦耐劳精神大加赞赏，留下了深刻的印象。又一次，炮兵野外演习，董振堂打炮，三发连中，冯玉祥叫董振堂当众介绍经验。董振堂就现场地形、时间和敌情状况，理论联系实际，讲述了自己的经验。冯玉祥因此更加器重他。冯玉祥任用学生的惯例是由排长升上尉参谋，从此就一直在参谋工作上打圈子。董振堂也不例外，也要走参谋的路子。但他决心要锻炼身体，志愿仍任排长而不升参谋，这就打破了冯玉祥用学生的惯例。冯玉祥不悦，后经参谋长刘骥解释，应让学生随个人志愿，这才将董振堂升为新兵连连长。

1924年冬，北京政变，董振堂跟着冯玉祥推翻贿选总统曹锟，打倒北洋军阀吴佩孚等，驱逐溥仪出宫，欢迎孙中山到北京，编练国民第一军，升任炮机教导队大队长和陆炮营营长。1926年春，董振堂率部与奉军李景林、张宗昌在津南作战，陆炮营埋伏于马厂迤北铁路西侧，用集中炮火击毁敌人装甲车，由此提升工兵团团长。1926年5月17日，冯玉祥从苏联回国，在五原授旗誓师，国民军称国民联军，冯玉祥任总司令，论功行赏，董振堂升任国民联军第11旅旅长。接着，董振堂随冯玉祥大张旗鼓重上征途，经宁夏、兰州、平凉、乾州和咸阳，解西安杨虎城之困，接着又开始北伐。

董振堂有勇有谋，从军校毕业仅仅五年时间，便由学生一步步升到师长职位。1930年夏，董振堂调任13师师长，参加讨蒋的豫东战役。在这次战役中，董振堂率部冒雨驰援皖北亳州，受伤而不退，带伤再战，激战七昼夜，终于击退强敌，再次受到冯玉祥通令嘉奖。

优秀的军人以执行命令为天职，不折不扣，这类人是战士。而另一类军人在以执行命令为天职的同时，往往会对战争进行思考，思考打仗的目的，这类军人是将帅之才。作为一个有思想有智慧的将领，董振堂自然会思考这个问题。尤其是当他带领部队打了一个又一个或胜或败的仗之后，更会思考他所参加的每一次战争的意义。

董振堂是一个有思想的优秀军人，自跟随冯玉祥后，东征西杀，英勇奋战，企望以出色的成绩赢得冯玉祥的信任和提携，以便来日有机会实现自己救国救民的意愿。但是，国民党新军阀混战的浊流，却把他卷入了灾难的深渊，使他的梦想化为泡影。尤其是蒋冯阎中原大战，最终以冯玉祥失败而告终。董振堂被迫率部退守黄河北岸新乡、修武一带。此战，使冯玉祥经营了二十年的西北军彻底土崩瓦解，冯玉祥被迫下野。董振堂在这次战争中奋不顾身地冲杀了七个多月，结果，除西北军土崩瓦解外，最遭殃的还是黎民百姓，备受战争之苦，兵祸连年，赋税增加，兵夫差役沉重，村庄民舍，"强半毁于兵燹，断瓦秃垣，子弹洞穿处，历历可见"，世间惨状，不寒而栗。

旧社会，河南经常闹灾，加上兵荒马乱，部队驻地经常有要饭的老百姓。有的饿急了，竟不顾死活，跑到兵营里要吃的。如果遇上骄横的士兵，往往要挨上一顿拳打脚踢。在焦作时，一天，兵营门口来了一对乞讨的老人，几个士兵上前拦阻，把其中一位老人推倒在地。这时，董振堂正好走到门口，立即命令士兵把老人扶起来，并气愤地把士兵训斥了一顿。通过此事，使董振堂感到，以前，自己总以为对百姓抱有深深的同情心，可实际上，自己却成了浩劫百姓的罪人。

　　这一切，不能不使董振堂扪心自问：自己开始参军的目的是为了救中国，可自己这几年的打仗，得到了什么效果呢？他的心里感到一阵阵的惭愧和内疚。那些天，他的脸上没有一丝笑容，总是唉声叹气。一天，他见到了总司令部参谋苏进（新中国成立后曾任炮兵副司令员，1955年被授予中将军衔），苏进是董振堂的老部下。1923年苏进在学兵团当学兵时，董振堂是他的排长，后来又当他的连长兼教官，所以，他们除了一般的上下级关系，还有师生之谊。后来，苏进去日本学习三年，这次来郑州是奉司令部命令协调38师和13师的防务。多年不见，苏进又是刚从国外回来，彼此都很兴奋。董振堂一贯艰苦朴素，从无不良嗜好，既不抽烟，又不喝酒，开中饭时，却摆了几个菜。他们边吃边聊，董振堂忽然停下手中的筷子，长长地嘘了一口气，说："总司令（指冯玉祥）今天同这个打，明天同那个打，也没有个目标，打到什么时候算完？"

　　苏进听此心里一愣，想：他是个非常谨慎的人，我们已多年不见，见面不久就说这样的话，难道不怕我回去报告冯总司令吗？

苏进默不作声，董振堂又问："苏参谋，你看我这个人有什么毛病没有？"

苏进笑笑说："董师长，分别这么多年，你叫我从何说起呢？"

"过去还是了解的嘛！"董振堂说。

"你是我的老师，你的优点很多，很值得我学习，我也看不出有什么缺点。"

"你再想想！"

苏进看他非常诚恳，便想了一下，想起1924年学兵团在北京驻防时，他处理一个人的问题不很恰当，苏进一直有不同看法，便向他提了出来。董振堂很认真地听着，听完后问："是不是武断了些？"

苏进点点头："是有点儿。"

这时，董振堂从军衣口袋里掏出一个小笔记本，记下苏进的意见，又问："日本的情况怎样？"

苏进说："日本是个帝国主义国家，可是怪得很，社会主义的书籍却翻译得很多，出得也很及时。"

"你都看过些什么？"董振堂很有兴趣地问。

"学校的功课太紧，大本子没有时间看，小册子倒看了一些。"

"能不能给我介绍几本？"

"那都是日文的。"苏进说，"不过，有一本《政治经济学大纲》，是北京大学出版的，你可以找来看看。"董振堂又掏出笔来，在小本子上记下书名。

多年后，苏进在回忆与董振堂的交往时，对这件小事记忆犹新："看他挺严肃、认真的神情，心里寻思，他大概是尝够了彷徨歧途的痛苦，急于要寻找新的出路吧！"

在董振堂彷徨的时候，又出现了新情况。1930年，西北军失败后，冯玉祥被迫出走山西，把西北军残部交孙连仲率领。这时，蒋介石用重金收买了孙连仲，将13师、李松昆师和西北军总部共计三万余人收编为第26路军，驻防菏泽地区。从此，西北军变成了蒋介石的杂牌军。26路军下设25、27两个师，每师三个旅，每旅三个团。孙连仲任总指挥兼25师师长，赵博生为总参谋长，由73旅（旅长董振堂）、74旅（旅长季振同）、75旅（旅长李松昆）组成。第27师高树勋任师长，由第79、80、81旅组成。于是，一支四个步兵师、两个特种兵旅的三万多人的队伍，被蒋介石缩编为两个师，师长降为旅长。

曾经威震一时的西北军，变成了蒋介石的"战利品"，而且又是缩编，这对军人来说无异于奇耻大辱。对董振堂来说，因缩编而降职，受辱的程度又加重了一层。这时，在26路军内部，由于孙连仲的亲近疏远，造成军官之间的矛盾；外部，由于蒋介石把26路军视为"杂牌军"，又造成嫡系与非嫡系之间的矛盾，因而引起了26路军对蒋介石的强烈不满。中原大战时，26路军在河南苦战数月死伤大半，不但没有军饷发，吃的东西也是从百姓家中征来的。被蒋介石收编后，不但得不到信任，而且在军饷、供给各方面也远不如嫡系部队优厚。再加上七折八扣和官长的剥削，这些矛盾和不满如潜在军中待燃的火种。对此，蒋介石自然料到，但他权衡利害，不是采月直接消灭、削弱非嫡系地方杂牌军的办法，而是采用"两败俱伤"的策略，不等26路军擦干血迹，治愈创伤，便于1931年2月，急令其开赴江西"剿共"前线，企图达到一箭双雕之目的。

26路军官兵大多是北方人，本不愿到南方为蒋介石卖命。孙连仲命董振堂的73旅为前锋。董振堂遂命他的第1团为先遣团率先登车南下。当第1团团长郭道培向董振堂报告士兵不愿南下，拒绝开拔的时候，董振堂先是大声训斥了一顿，后来谁也不知他又给郭道培说了些什么，郭道培竟痛痛快快地执行命令去了。夜里，26路军南下的第一列军车缓缓启动。当军列刚刚开出三十里，停在孙氏店车站时，郭道培率全团官兵跳下火车，拿着长枪短枪和锤子铁棒，还有的官兵则扛着铁镐、铁锹，来到火车头前，不管三七二十一，将火车头乱砸了一通。然后，他们又撬开铁轨，刨掉枕木，把一节节铁轨、一根根枕木全扔进道沟。东方发白，郭道培急率全团人马潜隐。火车被砸，铁轨被扒，交通中断，26路军无法南下。这场不大不小的暴动，惹恼了蒋介石，蒋介石电令孙连仲"缉查严办"，要挟孙连仲：26路军不开到南昌不发军饷。并利用原西北军旧将领刘郁芬等前往做工作。部队滞留数日，无可奈何，又继续南下。从此，蒋介石便把董振堂记恨在心。

军饷卡着孙连仲的脖子，所以孙连仲对董振堂软硬兼施，连哄带吓，命令董振堂速速南下。而董振堂能推一时推一时，能拖一天拖一天，七八天后，他派去的人马才把郭道培找回来，重登南下的列车。部队至浦口，过长江时，蒋介石借故又把26路军的骑兵和炮兵留在了江北，又一次削弱了26路军的实力。

一路上，车拉船载，董振堂随26路军于1931年3月中旬到达江西宜黄。宜黄是共产党中央革命根据地，这里和国民党统治区气氛大异，董振堂看到大街上不管是墙壁还是树身，处处是红军留下的标语和传单。这些标语和传单，都是简短的政治口号：

> 共产党是为工农谋利益的党！
> 红军是为工农谋利益的军队！
> 打土豪、分田地，帮助穷人翻身！
> …………

看到这些石灰水写的、油墨印的、字体不同、大小不一的标语传单，引起26路军官兵的深刻反思：蒋介石天天骂"土匪""共匪""赤匪"，如今又调集军队"剿匪"，"土匪"能有如此鲜明的政治主张吗？能提出这样响亮的口号吗？在五原誓师后，共产党员刘伯坚曾担任过西北军政治部副主任，对这支部队有过积极影响。1927年，四一二反革命政变后，共产党在该军的组织遭到破坏，但广大官兵对共产党的革命精神却留下了深刻印象。西北军的官兵大都读过关于十月革命和介绍苏联的书籍。那个时候国际上的资产阶级也是异口同声地污蔑以列宁为首的苏联共产党为"赤党"，污蔑他们领导的苏联红军为"赤军""土匪"。这里的一切如同苏联革命，这里的红军才是救国救民的党、救国救民的军队。但他们的这些想法，在当时的情况下，只能深深地埋藏在心里。

1931年3月下旬，蒋介石发动了对中央根据地的第二次"围剿"。4月初，孙连仲奉命率领第25师自宜黄南下，向龙岗方向抵进，合围红军。孙连仲命董振堂率第73旅为前锋，开进战区。董振堂不愿与红军开战，不愿向共产党开枪。于是，一路上，他率领73旅走走停停，停停走走。有时候，他故意七拐八绕兜圈子，一天走不了十几里路；有时候，遇见一条小水沟，他就电告孙连仲，谎称大河挡道，正在伐树架桥；有一次，听见山上红军游击队的几声冷枪，即命令部队就地休息，同时电告孙连仲，发现红军主力，正在侦察敌情探索道路。这条虚假军情逐级上报，一直报到南昌。这次"围剿"，73旅幸免与红军直接交锋。替蒋介石"剿匪"卖命，本非所愿，加之红军的威力，董振堂索性采取消极避战的态度。

此后，蒋介石对董振堂更加不满，董振堂心如明镜，对蒋介石更加愤恨，作战态度也更加消极。仅十五天时间，蒋介石对中央苏区的第二次"围剿"便以失败告终。

1931 年 7 月，蒋介石又采取快速进攻的战术，对中央苏区进行第三次"围剿"。这次，蒋介石命令 26 路军撤到被红军包围的宁都作配角，让嫡系朱绍良部将其仅有的一条退路堵住，企图逼 26 路军背水一战。26 路军官兵深知被逼进死路，惶恐不安。偏偏此时部队又流行起疟疾，每天都有十几人死亡，不到半年，死者竟达二千余人。宁都四郊新坟丛集，致使军心浮动。

这时，又爆发了九一八事变。当时战士的心情，可从苏进的回忆文章中看出。苏进在回忆文章中这样写道："它像平地一声惊雷，极大地震动了我们这些困处内战前线的北方军人。它使我们醒悟，它让我们思考：祖国命运处在生死存亡的关头，军人的真正职责是什么？总指挥部的电台设在我们团部对过，距离很近，我和黄中岳（时任 74 旅 1 团长）几乎每天晚上都到总指挥部电台去听广播。我们戴上耳机，能听到南京中央台的广播，也能听到日本东京的新闻。日本电台报告每天的战况，昨天占某城，今日取某地，言词狂妄，口气嚣张，我们听了义愤填膺。然而，南京方面的广播则更让人气破了肚子，开始说是日本军队少数人寻衅闹事，不是发生战争，我们应该忍耐退让，抱不抵抗主义；继而又一味依赖国联，盼望国联做出公断，说什么相信公理能战胜强权；后来蒋介石亲自发表演说，继续叫嚷'攘外必先安内''不可轻言抵抗'，使大片国土沦于侵略者之手。每次听完广播，我们都回去议论一番。有天，黄中岳激愤地说："与其困倒在这里，不如战死在抗日的沙场。'"

其实，不仅苏进和黄中岳两人有这种想法，部队的广大官兵都在议论回北方打日本的事。人们纷纷骂道："东三省都丢了，还他妈剿什么赤，谁阻止抗日谁就是汉奸。"作为26路军的总指挥孙连仲，也看出蒋介石利用打红军来消灭异己的险恶用心，在江西只有死路一条，他很想把部队重新拉回北方去，而当前抵抗日寇入侵当然是回北方的最好理由了。他忽然觉得军心可用，于是就给南昌的蒋介石发去电报，说26路军广大官兵强烈要求回北方打日寇，保卫家乡，保卫祖国，希望获准。他知道蒋介石是不会准许的，所以没有等蒋介石复电，就命令全军撤离宁都，向北开赴抗日前线。听说要回北方去，人人喜笑颜开。孙连仲命董振堂率73旅开路，谁知走到宁都北六十里处的胡岭嘴，蒋介石的电报来了，对孙连仲大加申斥，并命令部队立即返回原防，孙连仲无奈，只得执行。部队在胡岭嘴徘徊了两日，第三天又开回宁都去了。

蒋介石还把其嫡系部队摆在北线，截住26路军的退路。这就更激化了广大官兵的反蒋情绪，整个军队像个火药桶，大有一触即发之势。

返回宁都不久，孙连仲看回北方无望，守宁都也是死路一条，便以治牙病为由去上海休养。走前，孙连仲决定不再兼任25师师长，把75旅旅长李松昆提为师长，并委以代理总指挥重任，自己便离开部队。没过两天，27师师长高树勋也以养病为由跑到南昌躲了起来。李松昆在同僚中威望不高，尤其是季振同、黄中岳，一向看不起他。

总指挥走了，27师师长也走了，新上任的李松昆又难拢军心，26路军群龙无首。

李松昆的75旅训练最差，减员最多，军事素质差，战斗力远远赶不上73、74旅。李松昆突然被提拔为25师师长兼总指挥，完全出乎人们的意料。一时议论纷纷，官兵们认为他全靠私人关系，才得以飞黄腾达。有天黄中岳告诉苏进说，那天孙连仲召集25师的团以上主官开会，宣布了蒋介石的关于任命李松昆为师长的命令，说什么"希望各位官长本着军人以服从为天职，对李师尽服从之义务"，季振同气得脸色铁青，散会出来，走了不远，就跺着脚破口大骂："看我不枪毙了这个×××！我服从他？"后来李松昆设宴请客，给季振同发来请柬，他也拒不参加。

此时，26路军的上上下下，里里外外，充满着各种各样的矛盾。它犹如一堆干柴，只要有一点儿火种，就会燃烧起冲天的烈焰来。

面对坐以待毙的危局，董振堂感到无比的悲愤，于是，他以省亲为名，愤然离开部队，回到了阔别多年的故里，借以暂时排遣积于心头的苦闷和烦恼。

董振堂十六岁时，按那时家乡的风俗，就到了成家年龄。

于是，父母为他包办了婚事，让他与附近王村的一位叫贾明玉的姑娘结了婚。那年，他经过刻苦努力，用三年学完了小学的课程，考入高等小学。妻子比董振堂大一岁，不识字。虽然是包办婚姻，但他们都是父母之命、媒妁之言，相处和睦，在共同的生活中，成为一对恩爱夫妻。妻子朴实无华，勤勤恳恳，操持家务，侍奉双亲，使董振堂在外读书、打仗无牵无挂，得以全力以赴地追求自己的事业。

一个在冯玉祥军队里连年擢升直至师长的年轻军官，论功行赏之厚，个人薪俸之高，可想而知。但董振堂一直不为世俗所迫，从未沾染不良嗜好。他不吸烟，不喝酒，不参加无聊的俗套应酬。他的最大兴趣就是买书看书，每到一地，总是抽时间到当地书店里买书看书。他的休息时间就是他读书的时间，凡是读过的书，他都十分珍爱地保存起来。军旅匆匆，戎马疆场，不便携带时就托人送回家里。"父亲留给家里的财产就是几大箱子书籍。可惜这些珍贵的书籍在日寇和汉奸抄家时被抢劫一空。"董振堂的儿子董用威在回忆时说。

董振堂在戎马生涯中，不忘教育亲属。那年，董振堂从老家带侄子董光权到部队，随他在部队小学学习。董振堂对侄子管束十分严格，要求侄子勤奋学习，吃穿不搞特殊。部队从河南道口坐火车到新乡移防，有人知道董光权是师长的侄子，一定要拉他坐到宽敞军车里，董振堂发现后坚决不准，一定要他买票坐普通客车。董振堂对董光权说："你是家属，不能占军人的便宜。"他带侄子到开封火车站，指着那些房子对侄子说："今后中国人民有房子住，有饭吃，有书读，有地种，有工做就好了，中国就变成强国了。"这种忧国爱民的思想，始终贯彻在董振堂的日常言行中。

1928年5月，董振堂率军路过新河县拐回家里。那时他已升任师长一年多，回家后仍然教育全家"不要买地，不要盖房，生活不能特殊"。

董振堂个人生活很简朴，吃的是两菜一汤，穿的是部队发的军装和包着皮头的"懒汉鞋"，睡的是行军床，仅有一被、一褥、一毯。

董振堂的警卫员高志忠回忆，在洛阳时，有一次，董振堂的妻子贾明玉从家乡远道来看他，每顿饭除了多加一点儿主食外，仍然是两菜一汤。一天，董振堂妻子让高志忠买了三菜一汤，事后董振堂专门嘱咐高志忠说："以后不要多买菜，买这么多，吃不了也是糟蹋。"对妻子的穿衣打扮，董振堂也很不讲究。别的官太太都打扮得花枝招展，他的妻子却穿得土里土气。有些人见他妻子这般穿戴，不由得投来轻蔑的一瞥，他却处之泰然。

一个堂堂的师长兼洛阳警备司令，算得上官高禄厚了，生活何必如此寒酸呢？高志忠说："原来，他的大部分薪水都接济了下级军官和士兵。他每月的薪饷是两百块大洋，都交我保管。今天这个连长有困难找他，他让我拿出二十块大洋；明天那个又找他，又拿出三十块大洋。有一回，师部的参谋郭如岳病了，他特意叫我拿钱买了些好的饭菜给郭参谋送去，还送去二十块大洋。他的薪水除了自己生活费用外，其余就是这样用掉了。因此，当时人们称他为'不爱财的将军'。"

高志忠说："早在西北军时，董振堂就是一位深受士兵尊重的将军。"高志忠刚给董振堂当勤务兵时才十三岁，"说真的，那时我一听说要给国民党军队的师长去当勤务兵，心里害怕极了。董振堂身材魁梧，不苟言笑，脸上时常带着严肃的神情，望上去真有点儿令人生畏。但是，时间不长，我便从他的待人接物中，感到了他的宽宏厚道。那时，官长吃饭一天三顿都要到饭馆去买。有一天，我把买来的饭菜往桌上放时，不小心撒了一地，我像犯了弥天大罪似的，木然站着，等待师长斥骂和毒打。但出乎我的意料，师长不但没有发脾气，反而和声细语地说：'烫着没有？不要怕，快去换换衣服，我给你钱再去买。'有一次，我把洗过的衣服给他送去。他一看没洗干净，吓得我连忙说：'不行，我重洗。'他说：'不用了。以后再洗时，先搓袖口、衣领，这样衣服就能洗干净了。'还有一回，我给政训部送信回来，他向我要收条，我没有。初次送信，我哪懂这个规矩呢？我以为把事办糟了，这回非挨训不可。但是，他没有训我，而是耐心地对我讲：'你送到信，应该要收条，不然时间一长，人家说没收到，你有什么证明说送到了呢？以后可要记住要收条。'在旧军队里，官长打骂士兵是家常便饭，而我连着办错了几件事，却都得到了他的宽容，我深感幸运，从心底里感激他，恐惧心情也就渐渐地消失了。"

董振堂在西北军是一个爱兵的将领。那时，官长打骂士兵是合法的，此风很盛行，可他却从没打骂过士兵。在洛阳时，有天早晨高志忠陪着他到操场去巡查，看见一个连长正责打士兵，他立即喝令住手。早饭后，他让高志忠把那个连长叫到师部问明原因，最后警告那个连长说："以后不准再打人。这样，当兵的才能跟当官的一条心，打起仗来才能跟着你拼命。"

亲兵爱兵，但带兵时，董振堂又军纪森严，身体力行，与士兵同甘共苦。1928年，董振堂率36师与奉军在河北省南部激战，苦撑苦打了三个多月，虽然付出了惨痛的代价，但击溃了奉军，完成了国民革命军的北伐使命。战争结束后，他带领胜利之师路过河北省深县。（深县是闻名中外的深州大蜜桃产地。清朝时期，每每到了桃子成熟季节，直隶官员就派人前来挑选最好的桃子送进皇宫，供皇后嫔妃享用。）那天烈日当头，董振堂正要下令停止前行休息做饭的时候，看到不远的地方有一片桃树林子，桃树枝上一个个鲜桃诱人流涎。如果一支近万人的部队在距离桃林这么近的地方停下休息，那要吃掉百姓多少桃子？董振堂亲自下了一道命令：吃桃不留头，留头不吃桃。军令如山，谁敢违犯？口干舌燥的士兵们，不论是骑马拖炮的，还是步行扛枪的，一个个或者绕过桃树，或者拨开树枝，或者俯身低头，皆快步通过，无一人违纪。

董振堂将全部身心扑在了救国救民的道路上。然而，回到家乡以后，看到身染重病的母亲躺在炕上，忍受着难言的痛苦；看到年迈的父亲被生活的重担压弯了腰，日子一天比一天艰难；看到家乡的百姓一个个面黄肌瘦、饥寒交迫的情形，他进一步意识到：战争使百姓遭受的剥削和压迫日益加深，中国社会弊端丛生，危机四伏，只有奋斗和抗争才有出路。只是窝在村里，任人宰割，永远没有出头之日。于是，他毅然告别双亲，返回部队。

部队此时的情况比他离开时更糟，军务无人问津，官兵们整日里不是喝酒，便是打牌，整个军营简直变成了酒馆和赌场。使董振堂更为震惊的是，孙连仲竟因他回家，以主官不可久离部队为借口，决定暂免他的旅长职务，并且电告参谋长赵博生执行。当赵博生告诉他时，他顿感心寒如冰，怒火万丈，抑制不住郁闷、愤慨之情。就在这时，一个震惊全军的事件又发生了，73旅南昌留守处，竟被蒋介石以"土匪"的罪名查抄了！犹如头上炸爆的一个闷雷，把董振堂所有的幻想都轰灭了。

董振堂先是一阵气愤，随后便冷静下来。多半年来，孙氏店的暴动、一路"进剿"上报的军情，还有前几天的北上胡岭嘴等事情，蒋介石都把董振堂记恨在心，今天终于拿73旅开刀了。他心里清楚，蒋介石心狠手辣，查抄留守处仅仅是个开始，更歹毒更残暴的事情还在后头。蒋介石已经露出了狰狞面目，已经把他逼得无路可走，到了另谋出路的时候了。他望着挂在墙上的军用地图，对身后的参谋刘振亚说："蒋介石欲置我们于死地，这不是很清楚吗？倒戈红军怎么样呢？"

这两次"围剿"，董振堂深入中央革命根据地，看到根据地人民对共产党红军的拥戴，看到"朱毛红军"力量的强大，同时也目睹了国民党蒋介石的惨败。第二次"围剿"时，27师一个旅在永丰县中村被红军一举击溃，27师79旅被全歼，官兵被俘一千多人，除留下自愿当红军的，其余的都发给路费并释放。这次战役，对该军士兵影响很大。董振堂不愿同红军打仗，他曾提出辞职，但未获批准。

董振堂从军的目的，是为了寻找一条救国自强的道路。北伐战争之后，蒋介石屠杀无辜百姓，依仗帝国主义势力，祸国殃民，流氓嘴脸暴露无遗，这些，他看得一清二楚。中原大战后，西北军失败，他和部队一起被蒋介石收编，实是出于无奈。但冯玉祥大势已去，并且，这位"基督将军"早已在董振堂心目中失去了光辉。蒋介石不行，冯玉祥也不行。那么，究竟谁能救中国呢？在漫长而又痛苦的求索中，经过接二连三的挫折和打击，使他不得不认真思考。那么，出路又在哪里呢？此时，董振堂虽然还没有真正了解红军，但他从红军身上依稀看到了一星希望的火光。

宁都周围尽是赤区，26 路军由于经常受红军和地方武装的干扰，不仅不得安宁，甚至连米菜也买不到，生活困难。每天兵站发一点儿糟坏米，又没有菜吃，大部分士兵只能以盐水下饭。他们都是北方人，到南方后水土不服，疫病流行，一般士兵又得不到及时治疗，死亡率很高。薪饷得不到保障；官长无限度的剥削；医药费完全不发，以致士兵有病无药吃，每天死亡数十人；甚至死了的士兵的棺木费亦被官长贪了。士兵病了不但不想法医治，甚至还强迫有病的士兵放哨、出差，稍有怠慢就用棍子打，甚至打死。

26 路军的下级军官和士兵绝大部分出身贫苦农民家庭，多是陕、甘、青籍，其余为鲁、冀、豫等省人，大部分是派门头兵派来的，有的是因连年旱灾没有饭吃，受生活所迫，为了寻找生活出路才当兵的。有的连队一百二十人，只剩下不到六十人。半年时间就死亡二千余人，以致人心动荡，军无斗志，厌战思乡，士兵们想回北方的心情十分突出。在宁都三个月，士兵在生活上、精神上都痛苦到了极点，自杀的就有十几个。有的士兵指着病死的士兵的坟墓伤心地说："我们都要到这里来排队呢！"

大家一致的呼声，就是要回北方，甚至无论如何亦不愿再在宁都。当时，士兵中流行一首歌："红军来了，红军来了，快交枪，快交枪，打毡押，打毡押（陕西土话）。"

回到宁都，26 路兵的反蒋情绪更加强烈。他们恨宁都，宁都是个埋葬活人的万人坑；他们恨孙连仲，孙连仲是蒋介石的走狗；他们恨朱绍良，朱绍良派重兵阻挡了他们北上的道路。他们千恨万恨，最恨的还是蒋介石，蒋介石不打日本，专打共产党红军，简直是中华民族的败类！有的士兵气急之下竟然说："上山当土匪去！""你当土匪，我投红军去！"还有的发誓般地说："投红军，你前边走，我后边跟，谁不去谁是王八蛋！"

特别是九一八事变后，民族矛盾上升，26路军中抗日情绪不断高涨，一些爱国将领联名通电蒋介石要求北上抗日，但遭到拒绝。蒋介石下令要该军"死守宁都"，并说"侈谈抗日者杀无赦"，这就更加激发了官兵中仇蒋情绪的蔓延，积怨愈深。遭受歧视又不甘现状，"围剿"红军则战不能胜；要求北上抗日却不能成行。内忧外患，矛盾重重。

董振堂经过深入思考，感到要想打倒帝国主义，首先要打倒勾结帝国主义的国民党军阀。他看清了国民党的本质，什么"救党护国""爱国家爱百姓"，这些口号都是欺骗的手段。他感到，只有共产党，才能救中国，才是正途。

董振堂一次又一次地想到了第一次大革命时期，他曾接触过的刘伯坚等共产党人。共产党宣传的主张，正是他梦寐以求的理想。这次到江西后，他置身于"围剿"红军的前线，逐渐了解到，红军完全是为实现共产党的主张而打仗的军队。于是，一早就萌发的念头，又一次浮上了董振堂的心中……

回到宁都，董振堂病了一场，也是"打摆子"，不过没有那么严重，吃了几天药，渐渐好转。他在卧室里，白天拉上窗帘，晚上凑近灯光，整天看书。那是刘伯坚给他留下的几本书，他想从里边得到走出困境、扭转时局的答案。

处于绝望中的董振堂想起红军不是偶然，刘伯坚等共产党人的形象和大革命时期的情景，一直深深地留在他的记忆中。当他试图寻找新的出路时，这些记忆便像潮水般激荡起来。特别是红军反"匪剿"的胜利和苏区土地革命的情形，给了他更为直接的启发和教育。于是，他毅然决定：寻找刘伯坚，寻找共产党！

四、人生漫漫觅星光

　　了解董振堂，不能不了解刘伯坚。2019 年的春日，一个鲜花盛开的季节，我们来到了位于平昌县的刘伯坚烈士纪念馆——全国一百个红色旅游经典景区之一。馆前有 1986 年落成的刘伯坚纪念碑。刘伯坚生平事迹馆内，安放着刘伯坚汉白玉塑像，气宇轩昂，栩栩如生，那叱咤风云的神态，给人留下难忘的印象。

　　刘伯坚与董振堂一样是被评为"100 位为新中国成立作出突出贡献的英雄模范人物"之一，但刘伯坚的名气可比董振堂大得多，著名的大型舞蹈史诗《东方红》中有一个非常著名的细节，就是《戴镣行》，这段震撼了无数中华儿女的悲壮歌舞，就是根据刘伯坚和夏明翰在狱中的表现和诗文综合改编而成的。刘伯坚（1895—1935），四川平昌人，1920年赴法国勤工俭学；1921 年与周恩来、赵世炎等发起组织"中国少年共产党"；1922 年转为中国共产党党员；1923 年入莫斯科东方大学学习，与萧劲光同为该校学生。

红军长征后，刘伯坚留在苏区坚持斗争。1935 年 3 月 4 日率部队突围时不幸负伤被捕，21 日壮烈牺牲。临刑时刻，广东军阀为了"炫耀"所谓的胜利，故意押着负伤戴镣的刘伯坚，在大庾县最繁华的青菜街（今改称建国路）走街示众。刘伯坚气宇轩昂，视死如归，使人们敬佩不已。回到牢中，他写下了诗歌《戴镣行》和长诗《移狱》，并写了几封充满感情的家书。临刑前一刻，他还给妻子王叔振留下一信，信里说："望你无论如何要为中国革命努力，不要脱离革命战线，并要尽一切力量教养虎、豹、熊三幼儿成人。"

1938 年，毛泽东在为刘伯坚碑文题词中称刘伯坚是"我党我军政治工作第一人"。

刘伯坚对西北军官兵的影响是深远的。冯玉祥在《我的生活》一书中评价刘伯坚："……工作认真废寝忘食，工作有特殊成绩，我很佩服他。"

萧劲光评价刘伯坚："对西北军来说，共产党的良好影响此后长存了二十多年——在后来一系列重大历史关头，西北军部队连续发起过宁都暴动、察绥抗日同盟军、西安事变，直至淮海战役开始时，西北军最后一支余部还在张克侠、何基沣率领下起义，所有这些，都是直接受刘伯坚的影响。"

1926 年春，冯玉祥因自己率领的西北军连连失败，中共北方局李大钊建议他赴苏联考察学习。在考察学习期间，冯玉祥看到了苏联红军革命成功的经验，看到了社会主义苏联的民主、自由、平等。在李大钊、蔡和森、刘伯坚等共产党人的教育启发下，冯玉祥了解了孙中山的"新三民主义"，接受了"联俄、联共、扶助农工"的三大政策。其间，国内又爆发了北伐战争，这就使冯玉祥更坚定了反帝反军阀的决心。冯玉祥表示要学习苏军的政治工作经验。中共中央和共产国际派遣刘伯坚随冯玉祥回国，争取把这支原本二十万、如今已经溃散的不到五万人马的旧军队，改造成一支革命的军队。1926年8月，冯玉祥邀请刘伯坚一同急速回国，重整西北军，加入北伐革命战争的行列。回国后，冯玉祥请刘伯坚任国民联军的政治部副部长，主持西北军的政治工作。

1926年9月，刘伯坚陪冯玉祥穿过内蒙古荒原，进入绥远（如今在内蒙古西部）。当地虽然有十几万西北军，内部却很混乱。士兵们军衣破烂，面有饥色，对政治概念一片漠然。

当时，冯玉祥的决心非常大。1926年9月17日，他在内蒙古五原县城集结残余旧部万余人，为重振军心，誓师北伐。他在五原县政府西侧的广场临时垒了一个土台，举行誓师大会，这就是震动中外的"五原誓师"。

誓师大会上，威严庄重的冯玉祥宣布组建国民军联军，他亲任总司令，然后带领官兵宣誓：

"国民军之目的，以国民党之主义，唤起民众，铲除卖国军阀，打倒帝国主义，以救中国之自由独立。联合世界上以平等待我之民族共同奋斗，生死与共，不达目的不止……"接下来是"烟酒必戒，嫖赌必戒，除去矫情，除去奢侈。爱护国家，保护百姓，国民革命，方可成功"，句句铿锵有力，犹如声声春雷，惊天动地，响彻云霄，震撼着西北高原，也震撼着中国，更震撼了董振堂的心。誓词说出了董振堂的心里话，他把每一句誓词都牢牢记在心中，成了他以后做人和带兵的信条。后来，冯玉祥将这些誓词编印成册，称为"9·17"新生命，作为官兵的行为准则。

宣誓过后，刘伯坚做了精彩演讲："……我们要想过好日子，就要起来革命，打倒帝国主义列强，推翻封建主义制度，铲除帝国主义、封建主义的走狗军阀。我们的官兵弟兄都是贫苦工农出身，我们要革命，要为工农而战，为工农当家做主的新中国而战！"

刘伯坚的讲话一结束，全场立刻爆发出一阵热烈的掌声，群情振奋，士气大增。

刘伯坚以深刻的理论和极具鼓动性的语言，征服了处于混沌迷蒙中的董振堂，在董振堂心中树起崇高的形象。对于董振堂来说，刘伯坚绝非等闲之辈，他懂政治，讲思想，分析时局精辟深刻，智谋深长，目光远大，肯定是个救国救民的将帅之才。

董振堂就是在这期间，与刘伯坚结下了深厚的友谊。

刘伯坚的讲话，重新点燃了西北军官兵心中的希望，董振堂郁闷的心更是豁然开朗，他和几个要好的同事说："刘伯坚这个人不简单，是个栋梁之材。他的讲话非常精辟，真是切中时局。跟着这样的人干，肯定能干成一番事业。"

五原誓师后，中国共产党北方局先后输送了刘伯坚、方廷桢（即方仲如）、陈延平、宣侠父、刘景桂（即刘志丹）、邓希贤（邓小平）等数百名党员到西北军工作。国民军联军改为国民革命军第2集团军，成立了总政治部，部长之职留给国民党党员出任，暂时空缺。刘伯坚任总政治部副部长，主持全军政治思想教育工作。为了振奋涣散的军心，刘伯坚到各个军建立了政治工作机构，并办各种训练班，每天工作都在十八个小时以上。这时，中共中央派遣刘志丹、安子文等两百多名干部到西北军中来，他们都在刘伯坚的统一安排下，分配到各部队，担任政治工作。

　　这时，董振堂已由工兵团团长晋升为第4师第12旅旅长。从此，这支部队借鉴苏联红军的经验，展开了强有力的思想政治工作。宣布废除肉刑，废除打骂，提倡官兵平等；连队成立士兵委员会。官兵一律佩戴印有"真爱民、不扰民、誓师救国"臂章。各军各师设立了政治处，建立了政治工作制度。这时的董振堂和誓师前判若两人，他那严肃的脸总是挂着笑容，对刘伯坚倡导的政治工作制度，他带领12旅认真实行，每天早晨举行朝会，每周举行周会，每次都要进行政治问答。问：你们是什么人的军队？答：老百姓的军队。问：你们的父母兄弟是什么人？答：都是老百姓。问：你们吃的穿的都是哪里来的？答：老百姓给的……官教兵，兵教官，官兵互学。并创办军报，举办训练班，教唱《国际歌》……每天早晨军号声声，上至旅长，下至士兵，一律列兵点名。队伍之整齐，纪律之严明，无不令人惊叹。经过一系列的教育整顿，部队士气大振，面貌焕然一新。董振堂惊奇地发现刘伯坚的政治工作就像一服灵丹妙药，使西北军起死回生，从此更加佩服刘伯坚的才智，希望得到他的帮助。

一天，董振堂着装整齐地来到总政治部，向刘伯坚行了一个标准的军礼。当时刘伯坚还不认识他，见是一位身材高大、英俊魁梧的青年军官，便很客气地让了座，并亲切地问他："你叫什么名字？"

"报告刘部长，我叫董振堂，在第4师12旅任旅长。"董振堂从座位上站起来，毕恭毕敬地说。

"啊！董旅长，你是哪里人？"刘伯坚问。

"原籍河北省新河县。"董振堂回答。

"今年多大年纪？"刘伯坚又问。

"属羊的，今年三十一岁。"董振堂回答。

"好啊！咱俩还是同庚。"刘伯坚笑着说，"在国民军干了几年了？"

"1923年保定军官学校毕业后，即投冯玉祥总司令第11师。北京政变后，部队改编为国民1军，算起来已经有三年多了。"

"你今天到这里来，有什么事吗？"刘伯坚问。董振堂简要地介绍了自己的经历和见刘伯坚的想法。两人一见如故，很是投机。刘伯坚和蔼可亲的态度，使董振堂很快消除了紧张情绪，很随便地聊了起来。

"听说你是共产党员，是吗？"董振堂好奇地问刘伯坚。

"是的，我在法国勤工俭学时就加入了共产党。"刘伯坚做了肯定的回答，接着说，"共产党是无产阶级的政党，它是为工人、为农民、为一切劳苦大众服务的，现在正领导着全国人民反对帝国主义、封建主义，打倒军阀列强，将来建立一个由人民当家做主的新中国……"

刘伯坚给董振堂讲的更多的是苏联红军、列宁、斯大林、苏维埃社会主义，还有比他在誓师大会上讲得更深刻更透彻的中国现状分析、未来革命发展等。

这是董振堂第一次直接接触共产党人，他简直听得入了迷。听了刘伯坚的一席话，董振堂开阔了政治眼界，增强了国民革命胜利的信心，对这位中国共产党人钦佩崇敬至极。在他看来，刘伯坚就是共产党，共产党就是刘伯坚；刘伯坚非凡，共产党伟大。董振堂激动地说："誓师大会上，我听了你对当前时局和革命前途的演讲，这是我有生以来第一次听到这样精辟的演讲，它点燃了我心中的希望。真是听君一席话，胜读十年书。所以，我想请你到我们12旅去，再给官兵讲一讲，让全体官兵都受教益。"

刘伯坚非常愉快地接受了董振堂的邀请，第二天便来到12旅。这一天，刘伯坚为12旅的全体官兵们做了题为《当前的形势和我们的任务》的精彩演讲，进一步宣传了北伐革命的意义和共产党的主张，官兵都听得入了迷，极大地鼓舞了部队士气，大家都感到了共产党的主张是深得民心的，认识到了共产党的力量。

从此，董振堂结识了共产党人刘伯坚，两人经常在一起谈工作、谈学习、谈信念，感情渐深。与刘伯坚长谈之后，董振堂心里豁然开朗，顷时精神振奋，信心倍增，像换了一个人，无论干什么事，都是兴致勃勃的。

其间，董振堂还看到了刘伯坚表现出的豪迈气概和忘我的工作精神。西北军的不少高级军官也对刘伯坚很钦佩，杨虎城、吉鸿昌、邓宝珊、赵博生等，都与他交上了朋友。

五原誓师后，部队经过短暂整训和补充，开始执行由共产党北方局建议的"平甘援陕，东出潼关，与国民革命军会师中原"的战略计划。董振堂随冯玉祥的国民联军率领12旅官兵从五原出发，经宁夏、陕西，进入甘肃，一路所向披靡，援助国民军留在甘肃的孙良诚部，平定了吴佩孚残部张兆甲部队的叛乱。接着又挥师东进，解救了被围西安的国民军部队，沉重打击了军阀势力。

西安解围后，国民联军总司令部进驻西安。董振堂与刘伯坚来往比较多，有时请刘伯坚到12旅讲课，有时请他去视察工作，请教他对政治工作的方法，两人关系越来越密切。

国民军联军自五原誓师到西安解围，短短四个月，经过平甘援陕的战斗，缴获了大批武器弹药，部队迅速发展到二十万人，士气高涨，有力地策应了北伐革命，为东出潼关、会师中原，争取北伐战争的胜利积蓄了力量。这些，使董振堂不由认真思考着一个问题：是什么神奇的力量使一败涂地的西北军起死回生、以弱胜强、连战皆捷呢？这些无可辩驳的事实，使他进一步认识到，这神奇的力量，就是刘伯坚等一批共产党人在西北军所从事的思想政治工作。在国民联军中流传着这样一个顺口溜："听部长一席讲，顶发半年饷。"董振堂又一次折服了。国民联军进驻西安后，进行了紧张的整训。刘伯坚为加强部队的政治工作，制定了《国民联军政治工作大纲》，教育官兵懂得为什么打仗，为什么牺牲，使广大官兵成为有觉悟的为中国自由独立而奋斗的战士。刘伯坚还用在西安休整的有利时机，为部队培训干部，开办军事学校、教导队、训练班。经过几个月的整训和各种形式的政治教育，董振堂所指挥的 12 旅面貌一新，广大官兵的军政素质又有了很大提高。

董振堂除了抓紧部队组织整顿和军事训练外，还按照国民军联军总政治部下发的政治课教材，如饥似渴地学习。他经常到刘伯坚那里请教疑难问题，还从刘伯坚那里借来《三民主义》《国民革命概论》《帝国主义侵略中国史》等书籍，一有空闲就认真学习研究。这一段时间，他的思想发生了一个质的飞跃，更加坚定了报效国家的决心和信心，立志干一番救国救民的事业。

刘伯坚致力于统一战线工作，传播马列主义，灌输革命思想，培养党的干部。他才华出众，又很谦虚谨慎，不仅深得冯玉祥的信任和器重，还得到一些西北军高级将领的敬慕和下级军官士兵的爱戴，威信极高，影响很大，在西北军播下了火种。

萧劲光在回忆录里写道："季振同就曾对我说过：'我参加红军，第一是相信毛主席，第二是相信刘伯坚。'"

正当国民革命如火如荼、迅猛发展的时候，1927年4月12日，蒋介石在上海发动了四一二反革命政变，残酷镇压工人运动，大肆屠杀共产党人，使北伐革命受挫。4月28日，奉系军阀张作霖杀害了中国共产主义先驱、共产党人李大钊，噩耗传来全军悲痛不已。5月1日，国民联军约五千人在潼关总部举行追悼李大钊大会。这是冯玉祥和刘伯坚在公众场合最后一次一起亮相。

6月，国民军联军在河南郑州地区与南方的北伐革命军会师，国民革命战争取得了重大胜利。董振堂因战功卓著，提升为第36师师长，并率部北上，进驻郑州地区。

7月15日，正当全国军民欢呼北伐革命取得中原会师的重大胜利时，革命形势发生了逆转，汪精卫又在武汉发动了反革命政变，实行"清党"，疯狂屠杀共产党人。第一次国共合作彻底破裂，北伐革命遭到失败。而冯玉祥受蒋介石拉拢，一反常态，与共产党分手，与蒋介石联手反共，在西北军中"清洗"共产党员，致使许多共产党人被迫出走，有的甚至被捕或惨遭杀害。冯玉祥对刘伯坚等共产党领导人和苏联顾问乌斯曼诺夫则赠送路费，礼送离开。

董振堂对"清党"很不理解，他万万没有想到，刘伯坚——这位尽心竭力帮扶冯玉祥重振军威的共产党人，这位救国救民、令他无限崇敬的共产党人，竟然也被冯玉祥"礼送"走！他想不通，内心十分苦恼，私下对人说："刘伯坚这样的共产党人是为人师表，可惜被赶走了……"

刘伯坚临行前，董振堂出于对刘伯坚安全的考虑，亲自带卫队为刘伯坚送行。两人双手紧握，依依不舍。

"风云突变，你要好自为之。"刘伯坚意味深长地对董振堂说。

董振堂用十分坚定的语气对刘伯坚说："感谢刘主任的教诲，我们后会有期。以后，不论是在什么场合，就是在两军阵前，我的36师，也绝不向你开枪，我董振堂，绝不向共产党开枪！"在后来的第二、三次"围剿"时，他果然实现了自己的诺言。

刘伯坚等共产党人离开了西北军，随后，党中央派他再度赴苏联，入伏龙芝军事学院，与刘伯承等一同学习。

刘伯坚等共产党人走了，然而，他们所做的卓有成效的政治工作，却在西北军播下了火种，使董振堂等西北军官兵认识了共产党，认识了中国的革命，这对董振堂后来的成长产生了深远的影响。但在当时，由于思想上的局限，董振堂还不可能认清这场事变的性质和由此带来的严重后果，所以，他依然豪情满怀和自强不息地继续南征北战。

刘伯坚走后不久，董振堂也因与刘伯坚的友谊而受到牵连，遭到"通共"嫌疑，被冯玉祥免去师长职务，调到洛阳军校任一个无足轻重的副校长。撤了兵权降了级，这对一个带兵打仗的人来说，是一个不小的打击，但董振堂并没有心灰意冷，依然积极地工作，不断提高思想境界，他盼望着有一天能和刘伯坚在一起。

与刘伯坚交往的往事历历在目，一直萦绕在董振堂的脑海中。董振堂这时又想到，1931年春，刚刚改编完毕的第26路军，军饷未发，还没来得及休整，便接到围剿中央革命根据地的命令。曾经面对刘伯坚表示过"绝不向共产党开枪"的董振堂，看透了蒋介石的险恶用心。蒋介石就是想让这支杂牌军队与红军相互厮杀，两败俱伤，他好从中坐收渔利。谁愿意为他发动的祸国殃民的内战去充当炮灰呢？董振堂感到很惆怅、痛苦和茫然，不知路在何方。

那时，他曾找到赵博生。赵博生是河北省黄骅县东慈庄人，1917年保定陆军军官学校第六期毕业，曾任国民军第5旅参谋长、第14军参谋长兼特种兵旅旅长等职。两人是河北老乡，又是保定军校的校友，关系很好，无话不谈。赵博生为人正直，主持正义，足智多谋，在五原誓师后的北伐革命战争中，也深受刘伯坚影响，和董振堂同样崇拜刘伯坚，相信共产党。中原大战失败后，赵博生留守西安。一天夜里，他把手下的六百多人拉出城外，组织了一支三民主义救国军，想谋一条生路。他率部从户县进入秦岭，没想到那里土匪猖獗，杂牌军遍地出没，他们势单力薄，只好退守深山，以玉米、核桃充饥，坚持了两个多月，最后不得不各奔前程。从山里出来不久，孙连仲派人找到他好言相劝，他便来到山东济宁，出任 26 路军参谋长。

董振堂邀请赵博生来济宁郊外边走边谈，赵博生告诉他，在中原大战之前，他找过刘伯坚，可是没有找到，如果找到刘伯坚，他绝不来济宁。董振堂说，如果能找到刘伯坚，他也绝不会投老蒋。赵博生还对董振堂说，江西是共产党的地盘，那里有"朱毛"的红军。董振堂第一次从赵博生那里知道了朱德、毛泽东的名字，并且还知道了朱德、毛泽东是比刘伯坚的官还要大的共产党红军的总指挥。

最后他俩商定，这次南下江西不去不行，无非是拖延时日，等到了江西再寻找刘伯坚，伺机而动，但一直没有合适的机会。

这次，经过深思熟虑，董振堂毅然决定，一定要找到刘伯坚，找到共产党。他多次打听过刘伯坚等人的下落，但始终没有找到，只好继续多方打听。

董振堂此时的心情，苏进最了解。苏进时任 74 旅 1 团副团长，多年后，苏进曾在回忆文章中写了这样一个细节——

一天，有几个人在团长黄中岳和苏进住的小楼上打麻将。其中有 27 师的一个团长李锦亭。李锦亭老家河南西平县，苏进老家是邻县郾城，两人以老乡相称，又在五原誓师后一起共过事，关系比较密切。另外还有知识分子出身的 1 营长卢寿椿和行伍出身的 2 营长孙士荣。牌打到后半夜，大家肚子有点儿饿，便吃了点儿饭，喝了点儿酒，漫无目的地闲扯。

当谈到蒋介石不准抗日，部队困守宁都，因病减员日益增多时，大家的情绪都很激动。有人说蒋介石又借口九一八事变，要在原发百分之六十五经费的基础上，进一步削减经费，几个人更加不满了。黄中岳突然怒气冲冲地说："搞不好老子把部队拉到山上当土匪去！"

李锦亭马上接过他的话，笑着说："好！你当土匪，我当红军去！"

孙士荣把两道眉毛一扬，也笑嘻嘻地说："锦亭，咱们比赛好不好？"

卢寿椿笑而不言，没有表态。苏进见他们是发牢骚开玩笑，而且还有两个勤务兵在一旁收拾碗筷，说话不便，也就没有吭声。

这件事过后不久，苏进所在团的团书记曾全德从南昌出差回来，苏进曾托他修了一只怀表。曾全德送苏进表时说："你听说没有？73旅在南昌的留守处被抄了，还出了张大布告，骂73旅是土匪。"

"真的吗？"苏进听了非常气愤。

"我亲眼看到布告的，还是蒋司令签署的哩！"

当天下午，苏进在宁都街头闲逛，迎面遇见73旅的军需处处长宋奇峰。两人寒暄几句后，苏进问他："怎么最近没有见到董旅长了？"宋奇峰说："董旅长病了。"苏进马上怀疑董振堂是不是因为南昌留守处被抄的事气病了，于是决定去看他。

苏进很快来到董振堂的住处。董振堂住的是西屋靠南边的一间房，里面的陈设十分简单：西墙根放着一张床，床前两张竹椅，床上有两条俄国毯子，铺一条，盖一条。董振堂便躺在那里。

"你怎么了？"苏进进门后就问董振堂。

"打摆子，刚烧过。"

说着，董振堂要起身，苏进连忙过去按住他，扶他重新躺下，问："南昌的事你知道不知道？"

"知道。"董振堂点点头。

"他妈的，太欺负人了！"苏进气愤地说。

"我早就料到的，这类事今后还会有，现在只是刚刚开始！"董振堂苦笑了一下。

"是啊！前天他们在我那里打牌，有的说，搞不好拉到山上当土匪去，有的说你当土匪我当红军去……"苏进说。由于俩人既是师生，又曾是上下级，更是知己，谈话从来没有避讳。

"都是谁讲的？都是谁讲的？"董振堂一面打断问话，一面用手撑着床要起来。

苏进说："不要着凉了，躺下吧！"董振堂硬是不依，霍地从床上坐起，下床穿上鞋子，扣好衣纽，端端正正地坐在苏进对面的一张竹椅上，目光炯炯地看着苏进，催苏进把具体的情况讲给他听。

苏进就把那天夜间打牌后，黄中岳等几个人的议论，从头至尾讲了一遍。董振堂听了十分兴奋，好像什么病也没有了。苏进接着又说："我觉得这样发牢骚不解决问题，我们想办法找刘伯坚好不好？"

"我再想想。"董振堂说。

这次与苏进的谈话，更坚定了董振堂找刘伯坚的决心。与苏进谈话没多久，董振堂就以省亲为名离开了宁都。他先是回到新河老家，看望了父母妻儿，没过两天又赶紧去了上海找刘伯坚，他曾听说上海是共产党活动的地方。

在偌大的上海寻找一个人，简直是大海捞针。董振堂通过老乡和同学在商界、政界、军界秘密寻找共产党的踪迹，到处打听刘伯坚的消息，一连几天，毫无收获。

就在董振堂到处寻找刘伯坚的同时，赵博生也正在寻找刘伯坚，74旅旅长季振同不甘心替蒋介石卖命，也在寻找新的出路。董振堂这次"探亲"，一去就是二十多天，孙连仲得知后，要免董振堂的职务，赵博生没有执行，只是告诉了董振堂，董振堂也把他去寻找刘伯坚的经过，全都告诉了赵博生。两人商议，孙连仲不在军中，是赵博生掌握军政大权的大好时机，可加紧活动，继续寻找刘伯坚。

73旅旅部有个上尉参谋刘振亚，是苏进介绍给董振堂的。1930年中原大战后，在董振堂的13师任参谋，之后随董振堂来到江西，并升任旅部上尉参谋。董振堂总感到刘振亚与常人有所不同，他虽然不敢肯定刘振亚是共产党，但他敢肯定刘振亚是一个倾向共产党的人。董振堂对刘振亚的印象一直很好。在蒋介石第二次"围剿"失败之后，董振堂率部在宜黄驻军时，刘振亚请假探亲，董振堂让他顺便打听刘伯坚的消息，刘振亚寻找未果。

没过几天，董振堂又去南昌治病。这次去南昌，名义上是看病，实际是寻找党组织。这次他带上了刘振亚。两人在南昌住了几天，四处活动，还是打听不到刘伯坚的任何消息。董振堂治完病，又派刘振亚去上海寻找刘伯坚，董振堂则回宁都。

高志忠《怀念董振堂》一书中记述："大约一个月后，董振堂从南昌回到宁都。一回来就问我：'部队的情况怎样？有什么反应？'我把知道的情况说了一遍。当我说到在士兵中流传着《望北坡》的歌谣时，他沉默了良久，没有作声。"

赵博生经常与董振堂在一起打猎、转城墙（散步）等，董振堂常与他说一些苏区和红军的情况，探讨26路军出路和军人对抗日救国的责任等等。赵博生诚恳地对董振堂说："我们亲如兄弟，出路咱们共同闯，不论什么情况下，都要团结起来一起干。"董振堂心里一阵激动。

12月初的一天晚上8点多钟，赵博生带着郭如岳、李青云等人来到73旅了解情况。赵博生问董振堂："73旅的情况怎么样？战斗又快要开始了。"董振堂让参谋刘振亚等人讲了军无斗志、厌战思乡的情况。赵博生说："你们看看，咱们还能打过红军吗？你们还有没有勇气？"冷了一会儿场，董振堂说："我看部队去向是个大问题。第一，我们没有兵源，减员不能补充；第二，生活补给得不到保证；第三，武器弹药不足；第四，兵心涣散。看来打也是完，不打也是完。现在到底怎么办，我拿不定主意。请参谋长看怎么办好？反正官兵都愿意回到北方去，不愿在江西，在江西也得喂了江西的狗。"

情况谈完后，赵博生留下来，随董振堂到其住处，两人要来夜饭，一边吃一边聊。

赵博生说："老董，你看咱们的去向如何呀？红军的情况你们掌握一些吗？"

董振堂说："红军的情况听说过一些，我们听到的、看到的，与国民党宣传的完全不一样。"

赵博生接着说："是这样。短期可以欺骗，现在咱们到了江西，和红军接触机会多了，再欺骗也欺骗不了啦！咱们打仗时被俘虏的官兵都放回来了，过去说红军逮住一个杀一个，一个也不留，实际上人家一个没杀，还发了路费；还说共产党共妻，咱们被俘虏的军官太太都给放回来了，这事情怎么讲啊？还能让人相信吗？"

赵博生又接着说："你们旅有放回来的人没有啊？有没有与共产党联系的人？"

董振堂说："跟共产党联系的人我说不上。被俘的，有个连长，现在正在警卫连押着呢。他在苏区待了二十多天。"

赵博生说："你能不能叫他来，把共产党的情况谈一谈，共产党都跟他谈了些什么。"

董振堂让人把那个连长带了来，赵博生问："你被共产党抓去了多长时间？"连长说："连抓带放二十来天。"赵博生又说："共产党待你怎么样？咱们打败了，你被人家抓去了，你还能回来和咱们一起打仗。人家怎么说，你就怎么讲，不怪罪你。"这个连长说："人家对我很好，不打不骂，跟人家吃一样饭，我没见人家打人骂人，愿意回来的回来，不愿意回来的可以当红军。我愿意回来，人家还给了两块大洋。"

董振堂也问："他们还讲什么？"那个连长说："讲不要替蒋介石卖命，你们想回北方去的话，咱们联合起来，打回北方去。还讲红军对老百姓和气、官兵平等、对待俘虏不打不骂，还发给路费、开路条。人家说，咱们要想活着，只有跟红军联合起来一块儿干。"

把那个连长送回去以后，董振堂问赵博生："老赵你看怎么看？他讲的这种情况。"

赵博生对董振堂说："咱们这个部队要靠近红军，你看行不行？"

这正说到董振堂的心里，他日思夜想的就是这件事。他见赵博生对自己推心置腹，十分感动，趁机诚恳地对赵博生说："我73旅可以听参谋长的，别的我不太清楚。我们是多年的老人，你看怎么好就怎么办吧！"

两人倒戈决心已定，董振堂利用自己在部队的威信，开始做部下的工作。在研究起义行动时，大家感到有几人非常不可靠，董振堂说："由我做工作。"董振堂同这三个军官谈了两个多小时，三个人愉快地回去了。

董振堂在四处寻找共产党人刘伯坚，其实，共产党就在26路军中，就在董振堂身边。他不知道，原来赵博生已经成了共产党员。而赵博生的入党引路人，不是别人，正是董振堂一直感到与众不同的刘振亚。

董振堂的感觉没有错，刘振亚是冯玉祥在西北军实行"清党"时留下的唯一一名秘密共产党员。并且，目前刘振亚正在酝酿一场大规模的暴动。

刘振亚（1911—1935），山东临清人，1928年加入共产党。自冯玉祥"清党"以后，刘振亚虽然与组织失去联系很久，但一直在暗暗地做着准备，已经在26路军开展了有效的思想工作。

刘振亚那次探亲，根本没回老家，也没有去上海，而是在寻找共产党地下组织。1931年5月，党中央从上海派人潜入26路军搞兵运工作，并与苦苦寻找组织的刘振亚接上了头。

刘振亚与党组织取得联系后，汇报了董振堂、赵博生等高级将领倾向共产党的政治表现。于是党组织派王超、袁汉澄（袁血卒）、李肃三名共产党员秘密打入26路军，已经发展了十几名共产党员。

这些共产党的秘密，董振堂怎能知道？所以他才亲自去上海。

这一次，刘振亚真的去了上海，向党组织汇报了地下党组织的工作情况和董振堂、赵博生正在寻找出路、寻找共产党的表现。党组织指示，积极开展士兵工作，争取上层军官到革命这方来，并把董振堂、赵博生列为重点争取对象。

11月末，地下党组织在26路军发展了三十多名党员，分布在全军各部基层士兵中间，经中央批准，在26路军建立了共产党特别支部，由刘振亚任特支书记，袁汉澄、王铭五分别任组织委员和宣传委员。并且，还分别设立了长官分支部和士兵分支部。

与此同时，发展赵博生入党的问题也提上了议事日程。赵博生掌握总指挥部，他活动能力强，在官兵中威信高。赵博生在西北军时，爱护士兵，清廉自守，有忧国忧民思想，是一个真正的爱国者。他对军阀混战、生灵涂炭极为不满。冯玉祥把共产党人请到西北军整顿军人，赵博生对共产党很有好感，特别是对刘伯坚很佩服，受其影响很深。

在分析了赵博生一系列情况后，王超特别强调指出："赵博生内心活动的主要东西，肯定是在积极地寻找新的出路，如果我党不采取主动，因势利导开展工作,是会失去时机的。"

经过再三试探考察，罗亚平向党的特别支部汇报了试探赵博生的经过和赵博生个人的态度。在以后的多次深谈中，赵博生主动向党组织讲了个人的思想、经历和部队情况，以求得党组织对他的了解和对部队前途的明确指示。特别支部经过讨论，认为赵博生对党是有诚意的，上报上海党中央后，党中央审查了他的全部历史和政治表现，于 1931 年 10 月，正式批准赵博生加入中国共产党。

26 路军确实是策动起义的理想目标。赵博生入党后，党在 26 路军的兵运工作进入了一个新的阶段。为了使起义更多一分成功的把握，赵博生不仅大力团结下层官兵作为起义的基本力量，还尽量争取高、中级军官的支持，以减少阻力，争取起义的更大效果。为此，赵博生称得上赤胆忠心、呕心沥血，抛开一切个人得失，坚决执行党的指示，既表现了高度的党性原则，又表现了高度的策略水平。而董振堂，就是他争取的重要目标。所以，当赵博生听到董振堂的想法后，自然一拍即合。

董振堂一直在寻找共产党，他怎么也没有想到，原来共产党也正在想法争取他的加入。

朱瑞当时在上海任党中央兵运科科长，他回忆：26 路军地下党组织在批准赵博生入党的同时，也把发展董振堂入党的事报到党中央。当时，由于受王明"左"倾路线影响，在国民党军队中发展地下党员的原则是要兵不要官，认为在国民党军队中所有的长官统统都不可靠，之所以批准赵博生，是因为他在国民党军队的高级机关做参谋工作，不是实权派，发展他入党能起到其他军官不可替代的特殊作用。但对于董振堂，则认为他是掌握兵权的实权派军官，而这种实权派是不可靠的，发展他入党要慎之又慎。因此，党中央不同意发展他入党。同时指出，宁都共产党的发展有官长路线的倾向，并指定袁汉澄和李肃深入士兵中去。

共产党的特别支部和赵博生多次研究和分析了26路军中潜在的革命形势，决定抓住这一有利时机，开展有组织有计划的思想政治鼓动，因势利导，把群众情绪引导到正确的方向，促进革命条件的早日成熟。共产党员和积极分子们都在积极行动，有的在士兵和下级军官中成立半公开的群众组织。例如73旅学兵连连长、共产党员李青云组织了"学术研究会"，该连所提拔的副班长和一些士兵中的积极分子都参加了这个组织，它实际上是党的外围组织，借学术研究，宣传党的革命思想，掌握思想动态，有针对性地进行政治教育，培养起义的骨干力量。

刘振亚任特别支部书记不久，特别支部会议决议：刘振亚要想法从董振堂73旅旅部调到73旅学兵连去，直接掌握学兵连，逐渐控制73旅。

学兵连是董振堂的嫡系部队，是中原大战后，董振堂率部在河南修武驻军时，招募的一批年轻知识分子组成的学兵连。他对这些新兵格外重视，加强训练，精心培养，准备以后分到73旅各部任职，做他忠勇的下级军官。

从南昌回来后，刘振亚向董振堂请求去学兵连当排长，得到董振堂批准。这样一来，党组织不但在学兵连的力量最强，共有九名党员，而且士兵分支部就建在学兵连，分支书记是学兵连连长李青云。

李青云（1903—1933），河北成安人，湖北军官学校毕业，参加过北伐战争和反蒋战争，曾任国民军第 14 军特种兵少校参谋兼副官、第 73 旅少校参谋等职。

由于赵博生和共产党员们积极有效的工作，兵运工作进展甚快，昔日军中的抑郁沉闷之气一扫而光，在下级官兵中，公开喊出了"我们是中国人，一定要回北方打日本""红军主张抗日，是我们的兄弟"等口号。

党的特别支部把这令人鼓舞的革命形势迅速报告给了中革军委，军委立即指示：周密制订起义行动计划的实施方案，在适当的时机发动起义，整个行动由赵博生负责指挥。

赵博生欣然受命。他和党组织周密研究，准备了三个起义方案：一是争取部分起义，即让学兵连去宁都城东南三十里的地方以实弹打靶为由，借机投奔红军；二是争取我党工作较成熟的两个团起义；三是举行全军起义。赵博生决定全力以赴，力争实现第三个方案。

1931 年 12 月初，正当地下党组织积极开展秘密活动、董振堂等爱国将领急于寻找出路的时候，党中央在南昌的交通站遭敌人破坏，特别支部人员名单和文件落入敌手。12 月 5 日，蒋介石南昌行营急令 26 路军"严缉刘振亚、袁汉澄、王铭五三名共党，星夜送行营惩处"。总部译电主任罗亚平立即将电报送到特支，情况万分危急，刘振亚立即召开特支成员紧急会议，决定立即组织起义。如果能争取董振堂和季振同过来，全军起义的可能性很大。事发突然，时间紧急，任务艰巨，赵博生以总指挥部的名义给南昌发回一份电报："遵命即办。"同时以个人名义去争取董振堂和季振同，并且让三名党员迅速隐藏。

董振堂得知蒋介石南昌的行营急令，命令李青云派人暗中保护刘振亚。12月6日，国民党飞机在宁都上空投下蒋介石的手谕，命令26路军彻底清查共党分子，妄图把地下党组织一网打尽。

形势严峻，事不宜迟。特别支部分析了董振堂和季振同的表现，决定以73旅和总指挥部为主力，尽力争取季振同率74旅一同暴动；同时，派赵博生向董振堂摊牌。

6日，赵博生带着一份南昌行营命令26路军"火速进剿"的假造电文，去73旅旅部找到董振堂。此时，董振堂又在为南昌留守处被查一事气愤难平，看罢电文，心情更加沉重。董振堂不愿"进剿"，他不想攻打红军，便问赵博生有何主意。赵博生借机鼓动董振堂，现在只有一条路子，那就是倒戈、暴动，参加红军北上抗日。

董振堂当然赞同，并坚决要把73旅拉出去，他问赵博生："上哪里找红军、找共产党呢？"

这时，赵博生告诉董振堂："刘伯坚找到了，共产党找到了。刘伯坚就在红区，朱德、毛泽东也在那里。"

自己费了那么大的劲儿找共产党，找刘伯坚，原来赵博生早就知道！董振堂心里的喜悦无以言表，顿时精神大振，斩钉截铁地表示："73 旅没问题，坚决暴动！"

赵博生说："暴动，当红军，一定要拉上季振同！我相信季振同是会和我们一起走的。"又说，"绍仲，你同意联合红军，那咱就一言为定，以 73 旅和总指挥部为主力，力争 74 旅和我们一起行动。我们现在去找季振同，试探一下他的态度。"

董振堂也说："对，拉上季振同！当红军，人越多越好！"

五、宁都暴动惊世界

心里明亮了，前途决定了，董振堂的工作正式开始了。

董振堂立即给在家中的三弟董志堂写了一封信，信中说："咱家将有大灾大难，最好赶快全家搬到山西省大哥防地内。"（此时，董振堂大哥董升堂已任第 29 军 38 师 224 团团长，驻山西省平定县）"家中看到这封信，莫名真相，嗣阅报载宁都暴动始恍然大悟。时父亲俊清公尚健在，不但不忧惧，反而很兴奋地随即订了一份《大公报》，每天叫孙儿给他读报，专听红军的消息，到病危，躺在床上，还问报上的红军消息怎样啦。全家终在第 29 军军长宋哲元和第 38 师师长张自忠共同保护下，未被反动派杀害。"（董升堂）

关于这一细节，苏进有一段详细的回忆：大概离上次董振堂"打摆子"一个月后的一天下午，董振堂从南昌回来后，苏进去看董振堂，见他胖了，精神也比较好。坐下以后，闲谈几句南昌的见闻，董振堂对苏进说："从南昌回来后，刘振亚要求到学兵连当排长，我答应了。"接着，苏进就介绍

74旅最近的情况，把黄中岳和他前几天的两次谈话，以及季振同、黄中岳给苏进的印象，一五一十地讲给他听。

原来，苏进所在的74旅1团团部设在宁都城内偏西北的一条僻静的街上，大门朝东。一天晚饭后，苏进和黄中岳闲蹲在大门口的台阶上，瞅着街道对面墙壁上红军的一条标语：纪念巴黎公社！这条标语每个字都有一米见方，写得很工整。

黄中岳突然把烟蒂往地下一扔，站起身说："共产党就这点儿好，说什么干什么，国民党他挂羊头卖狗肉！"

黄中岳的话叫苏进感到吃惊，同时也促使苏进用新的眼光来看待这位朝夕相处的团长。如果他上次说"上山当土匪"是一时的气话，那么，这两句话却分明表达了他的真实观点，尽管也有一些牢骚的成分在内。

又过了几天，城南出现一支人数不详的红军游击队，并向宁都方向打了一排子弹。守城的部队仓促进入阵地，如临大敌，可是红军游击队又悄然逸去，无影无踪，大家虚惊了一场。事后，苏进和黄中岳回到他们住的小楼上，黄中岳突然问道："老苏，敌人要真的来进攻，你看我们能不能守得住？"

"你看呢？"苏进没有回答，反过来问他。

"我看不一定守得住。"黄中岳坦率地摇摇头。苏进听了这话，很受感动，因为表明黄中岳在这样重大的问题上，对苏进毫不隐讳自己的观点，没有保留地说出自己真实想法。

有什么比一个人把他的心托到你面前更令人感动呢？苏进又想，或许是黄中岳想用这种方法征求他的意见，商量什么事情，便问黄中岳："那该怎么办？"黄中岳却反过来问苏进："你说呢？"

"我看，你去找季旅长，商量一个办法。"苏进瞅他一眼，含蓄地说，"天无绝人之路，守不住有守不住的办法嘛！"

黄中岳"嗯"了一声，会意地笑了。

董振堂听苏进讲到这里，问苏进："你看，他们那里是不是有什么组织？"组织？苏进猛地愣了一下。因为"组织"这个词，在旧军队里一般是不用的，如果想说明这个意思，可以用其他的词语来表达，董振堂却直接脱口对他说了出来，使苏进感到惊异。停了一会儿，苏进才说："据我所知，没有什么组织。"董振堂点点头。于是，苏进又把74旅的军官情况向董振堂做了进一步介绍，并说，74旅的军官，一部分是去日本留学的士官学生，一部分是学校的学生，再一部分是行伍出身，还有一部分是军官学校毕业的。后两部分人多半是下级军官，前两部分人大多是中、高级军官，互相间有些矛盾，但总的来说还是比较团结的，季振同和黄中岳就是他们的头头。这两人是拜把兄弟，黄中岳很尊重季振同，季振同也很信任黄中岳，所以才把他的老本，前身是手枪旅的第1团交给黄中岳。因此，这个旅的实权就握在他们两人手中。

董振堂又问苏进："你们团几个营长的情况怎么样？"

苏进说："一营长叫卢寿椿，这个人比较稳重，别人说他是共产党嫌疑分子。"

董振堂追问："为什么？"

苏进说："我是听黄中岳说的。大概是1929年，手枪旅驻华阴时，有个共产党员的朋友来找他，在他那里住了一夜，第二天一早就走了。后来上级追查，他也说不清这个朋友从哪儿来，又到哪儿去了，就落了个共产党嫌疑分子的罪名⋯⋯"

突然，有人没打招呼就挑开白布门帘，跨进门来笑着说："绍仲兄，咱们转城墙去吧？"

苏进吓了一跳，抬头一看，见进来的不是别人，是赵博生。因为苏进对赵博生的政治面貌不太清楚，感到他来得很突然，同时又怕刚才讲的话被他听去了，于是马上站起身，敷衍几句便告辞出去了。

据苏进回忆："但是有一天，季振同突然给我们布置任务，要抓紧军事训练、出操、上课，还要到野外去打靶。这样一来，住在城里的73旅直属部队也开始抓紧训练，好像是有约在先似的。有一次，我们团的部队行进在宁都城内的大街上，走得整整齐齐，精神饱满，和整训前的松松垮垮、萎靡不振，形成鲜明对照。我猛一转脸，发现董振堂站在道旁，神情专注地看着，脸上露出了满意的笑容。我马上跑过去，向他敬了个礼，他一把拉住我的手，凑近我的耳边说：'你们练得差不多了。'有时，一句话就像一把打开心锁的钥匙，我一下豁然开朗，全都明白了。看来，经过赵博生从中做疏导工作，73旅和74旅这两只航船，已经牢牢地联结在一起，并排搏击风浪，要一起驶向新的航程了。"

起义也在广大士兵和下级军官中进行着，在地下党员起着核心酵母作用的同时，个别串联的工作也在秘密进行着。

董振堂的工作也是方方面面的，周密而细致。作为一名军事指挥官，董振堂深深地懂得，要获得暴动的成功，部队一盘散沙是不行的，需要统一意志，提高战斗力。因此，在他接受了准备暴动的指示后，便立即着手整饬军队。他通过训话和私下交流，含蓄地开导官兵的思想，争取官兵倾向革命。他常常这样说："我们都是中国人，有谁甘愿当亡国奴呢？不愿意当亡国奴，那就只有一条路——团结抗日！"他的话引起士兵的共鸣，爱国思想把大家的心连在了一起，更提高了大家的练兵热情。

季振同、董振堂、赵博生同是河北老乡，三个人又都是保定陆军军官学校的校友。北伐战争期间，季振同也受到刘伯坚的影响，力主救国救民。在宁都这段时间，他也看透了蒋介石，正站在军旅生涯的十字路口，思考出路。当董振堂和赵博生来到74旅旅部。季振同看罢那份赵博生带来的假"电文"，气就不打一处来，满腹牢骚、不满、怨恨。当他听说投奔红军联合抗日的时候，格外兴奋，猛地把桌子一拍说："对，和红军联合起来，回北方打日本去！"董振堂问他黄中岳什么态度，季振同痛快地说，黄中岳和他是结拜兄弟，黄中岳全听他的，要不是他阻拦，黄中岳早就上山当土匪去了。

黄中岳是季振同手下的一个团长，河南洛阳人，日本陆军士官学校毕业，参加过北伐战争和反蒋战争，曾任国民军手枪旅旅长、手枪团团长、第74旅第1团团长。季、黄所在的74旅原为冯玉祥的手枪旅，装备最好，军力最强，是起义成败的一个关键。

董振堂和季振同虽是一个师的旅长，相识已久，但过去因为性格上的差异，交往并不多。为了争取季、黄联合行动，董振堂从南昌养病回到宁都后，于1931年12月6日，便把73旅旅部从城东北隅搬到城西，与74旅旅部仅有一户之隔。为了不引人注意，也为了避免公开场合直接接触，便利用互相借阅图书之机，把便条或书信夹在书里，派最可靠的人送去。决定暴动后，他与季、黄来往更加频繁，还以打猎为名，到野外磋商。经过他和赵博生的工作，季振同和黄中岳等人终于接受了党的主张。

起义的时机越来越成熟。

正在董振堂与赵博生紧张地准备暴动的时候，一天，国民党的一架小型直升机在宁都城西北方向的翠微峰投下一个邮递筒。赵博生身为参谋长，有代拆代行之权，打开邮筒，是蒋介石的手谕：命26路军总指挥部缉拿三名共产党员。

情况万分紧急，任何犹豫和拖延都意味着失败和死亡。起义基本酝酿成熟，但26路军作为国民党的一支杂牌军起义，必须得到红军总部的绝对信任。经特支研究，分党内党外两条线，派人速速前往瑞金联系。董振堂派的是地下党员郭如岳，季振同派的是"共党嫌疑分子"卢寿椿，刘振亚派的是袁汉澄。他们分别代表73旅、74旅和秘密党组织。

蒋介石万万没有料到，他缉拿共产党的电令竟成为促使26路军起义的导火索，他缉拿共产党的手谕更成了起义的"动员令"。

郭如岳和李青云都是赵博生介绍到董振堂73旅的，来到73旅后，李青云任中校参谋兼学兵连教官，郭如岳在旅部任参谋。郭如岳这时已由李青云介绍入党。

郭如岳在董振堂身边工作近一年，董振堂对他很信任。12月7日，是郭如岳记忆最深刻的一天，他曾在回忆文章中写道：

这天，董振堂把他叫到自己的办公室兼卧室，坐下后，董振堂亲切地说："坐近点儿，我们好谈话。"随着董振堂的话音，郭如岳将凳子移近，董振堂也同时将凳子靠拢，将胳膊斜搭在桌上。董振堂沉思了一会儿说道："今天你替我写封信给红军总司令部，内容是——"他放低了声音，"蒋介石不抗日，打红军，是攘外必先安内的汉奸政策，为日本帝国主义吞并中国铺路。我们要抗日，要举行暴动参加红军，和红军一起北上抗日……"然后，董振堂从抽屉里取出稿纸递给郭如岳，叫郭如岳开始起稿。董振堂也沉思起来，室内静悄悄的。郭如岳起完稿，反复改了几遍，誊清后递给董振堂，董振堂逐字逐句地看下去，边看边说："要简明、扼要、有力，并删去一些不必要的字句。"接着又从抽屉里拿出一块红绸子，要郭如岳抄在绸子上。郭如岳工工整整抄完后递给董振堂，董振堂看后连连点头说："明日袁汉澄去红军总司令部，你一起去，把这封信缝在你的衬衣里面。"说完，董振堂随手取出针线和一块从旧衣服上撕下来的白布给郭如岳。郭如岳折叠好缝在衬衣襟里面，穿好衣服，动身要走时，董振堂又从抽屉里拿出一张 73 旅的侦探证交给郭如岳说："这是出步哨线的证明，为防万一，你要化装，现在就去准备吧。"

走出旅长办公室，李青云喊郭如岳。李青云走到郭如岳跟前，亲热地拍着郭如岳的肩膀低声说："去后，我们的联络暗号是——朱瑞叫来的。"李青云连说了两遍，还问郭如岳记住了吗，最后握着郭如岳的手说："祝你一路平安，回来再见！"

1931 年 12 月 8 日，郭如岳身穿便装，跨过梅江，通过哨岗检查，向苏区走去。

就在郭如岳去苏区的当天，特别支部派袁汉澄也启程出发，去苏区党中央请示暴动事宜。

郭如岳刚出旅部，董振堂立即召开营以上军官会议，分析时局和目前困境，指明出路，给军官做宣传鼓动，聚拢军心，为暴动做精心准备。

郭如岳到了瑞金附近的叶坪，袁汉澄大概是正在等候郭如岳，迎面走过来，把郭如岳带到红军总司令部。郭如岳把信交给朱德总司令。

袁汉澄和郭如岳详细汇报了董振堂 73 旅和总指挥部坚决暴动，争取季振同 74 旅暴动的情况。

第二天早饭后，朱德主持召开了个军委会，参会的有王稼祥、左权、刘伯坚、李富春，还有红军总参谋长叶剑英。叶剑英亲自做记录。会上袁汉澄详细汇报了第 26 路军在宁都准备暴动的情况。接着，大家进行了讨论，分析暴动成功的主客观条件，也讨论了万一失败，需要采取的措施。

会后，王稼祥、刘伯坚、左权把袁汉澄带到毛泽东的办公室。毛泽东说，暴动是一件大事，将给蒋介石一个很大的打击，能争取全部暴动最好。全部暴动的条件是存在的，这全靠我们党做过细的组织工作，行动要坚决，要注意保密。万一不能全部暴动，局部暴动也是好的，在反革命的心脏捅上一刀也是好的。

把 26 路军这支反动力量争取过来，那在中国革命史上将有重大意义。

12 月 9 日，中革军委研究决定，暴动定在 12 月 13 日，并做了具体部署。起义时间定为 12 月 13 日晚 12 时。由中革军委派王稼祥、刘伯坚和左权同志携带电台，到彭湃县苏维埃政府所在地联络指挥。派红 4 军在宁都东北二十里的同会方向相机予以协助。

12 月 10 日，袁汉澄带着中革军委的指示，郭如岳带着刘伯坚给季振同、赵博生、董振堂和黄中岳的回信，先后离开瑞金，返回宁都。

12月11日，中央派了王稼祥、左权、刘伯坚携带电台到固村联络指挥起义。

董振堂和赵博生听了袁汉澄和郭如岳的汇报，又看到了毛泽东、朱德、中革军委的指示和刘伯坚的回信，起义的决心更加坚定了。

他们认真研究了中革军委的指示，决定尽最大的努力争取全军起义。为了坚定季振同暴动的决心，董振堂和赵博生按照党中央和中革军委的指示，"互推领袖"。

12月12日上午10点，董振堂与赵博生、季振同三人到宁都城南山上开了个会，共推革命领袖。董振堂说："季。"赵博生说："季。"季振同说："博生。"于是，决定季振同为此次起义的领导人。

这时，季振同说自南昌行营运来的第26路军的两万套冬衣，11月份的军饷和经费已到了广昌，建议暴动时间推迟到14日。赵博生和董振堂表示同意。又派袁汉澄和卢寿椿星夜兼程赶到固村，见到了驻在彭湃县苏维埃政府负责联络指挥第26路军暴动的王稼祥、刘伯坚、左权。刘伯坚代表中革军委回了信。

宁都还像往日一样平静，直到12日上午，第74旅少校副官李达押着骡马大队，带着冬衣和薪饷进了城。分发下去以后，军官和士兵们穿着崭新的冬装，纷纷上街买日用品、纸烟等，一时间古老的宁都城热闹起来。

12月13日晚，特别支部在董振堂的73旅旅部秘密召开了暴动行动会议，董振堂和李青云参加了会议。会议传达了中革军委的指示，研究了团以上军官的动态，讨论并决定了暴动的具体部署。特别支部第一次破例批准尚未入党的董振堂参加党的会议。这是党组织对他的极大信任。董振堂第一次参加共产党的会议，他感到无上的光荣。

暴动日就快到了，董振堂信心倍增，精神振奋。高志忠作为董振堂的勤务员，曾回忆道："在举行暴动的前几天，董旅长显得格外忙。后来我才知道，这是因为他与赵博生等，根据中革军委的指示在缜密地研究制定起义的全部方案。方案通过后，他又和赵博生、李青云等人，在74旅旅部，研究起义的具体行动部署。直到14日傍晚行动之前，他还和赵博生在73旅召开了一次骨干会议。参加会议的有刘振亚，学兵连连长李青云，73旅参谋郭如岳、马金福，75旅参谋长边章五等人。旅部小楼周围，派了许多战士警卫。我和另一个警卫员则留在旅部里服务。会上，董旅长说：'今晚要行动，把部队带到红军那边去。估计师部可能有麻烦，我们要做好各种应急的准备。'接着，他布置任务：刘振亚率特务连，扼守往苏区的要道；李青云率学兵连一部，负责城北门与东门之间的巡逻；郭如岳率学兵连的另一部，攻占总指挥部和25师师部电台；其余部队攻打25师师部；高志忠留在旅部负责联络。董旅长布置完任务，赵参谋长接着说：'情况大家都知道了，任务也都明白了，今晚成功与失败，是关系到我们26路军前途命运的大事，万一出了差错，要有秩序地撤出东门，在南门外集合，白塔那边有部队接应。我和董旅长、刘振亚有事出去一下，一会儿就回来。'说完，他们便匆匆走了，大家也各自去做准备。后来才知道，他们是参加'宴会'去了。这次'宴会'是起义全部方案中最重要的一环，也是起义行动的开始。"

1931年12月14日终于到了。

这天清晨，董振堂给城内学兵连和城外各团部队，下达了严厉的命令：全副武装，进入戒备状态，时刻准备执行作战任务。随后，他又召集有关军官召开了秘密会议。会上，他宣布，今晚6点开始行动，把队伍拉到红军那边去。并给郭如岳、李青云、刘振亚布置了具体任务。

下午，董振堂用电话把边章五从城外驻地请到城里73旅旅部，给边章五做工作，争取他参加暴动。边章五是河北束鹿人，和董振堂是邻县老乡，又是保定陆军军官学校的同期步兵科同学，毕业后一起分配到冯玉祥的部队，他曾一度离开冯部，之后又找到董振堂，随26路军来到江西，前不久调任75旅参谋长。当董振堂告诉他今天要暴动参加红军的时候，边章五猛然一惊，后又如坠雾里。董振堂焦急地说："现在只有暴动当红军一条路可走，再跟蒋介石干下去，那就是死路一条！"

边章五似乎有点儿犹豫不定。董振堂恳切地说："你还不相信我吗？我只能带大家走光明大道，不会带你跳火坑，即便前面有火坑，我先跳！"

说到这里，边章五怦然心动，他先埋怨了董振堂几句，嫌董振堂一直对他守口如瓶，然后又问董振堂："75旅旅长张芳昭要是不干怎么办？"董振堂说："他不干，毙了他。"

边章五见董振堂语气果断，态度坚决，并且从董振堂的话语中猜到这是一场早有准备的暴动，于是，他表示坚决听从董振堂的安排。随后，董振堂给边章五透露了一点儿暴动计划，并告诉了他与他有关的行动。

12月14日这天，赵博生给各部团以上军官下发通知，说他代表总指挥孙连仲晚6点在总指挥部设宴开会，务必准时参加。季振同、黄中岳，也按照暴动计划给各部下达了公开的或秘密的行动任务，同时还四处张扬，晚上参谋长开会宴请，有炮台烟、白兰地酒，还有美国苹果，等等。

12月14日晚6点，宁都关闭了城门，全城戒严，撤换岗哨，控制电台，切断了电话线。

此时，除25师师长李松昆推病未到外，26路军团以上军官全部到齐。

宴会开始了，赵博生发表祝酒词，军官们大吃大喝起来，楼下的卫兵也狼吞虎咽、开怀畅饮。

中途，赵博生站起来讲话，他从九一八事变讲起，大讲中华国难、军人职责，讲守城困境、山穷水尽，又讲联合红军，北上抗日。只见赵博生把手一挥，大声说道："现在，我带领大家走一条光明大道，即刻暴动，参加红军，打回北方去，抗击日本军！"

赵博生话音刚落，董振堂霍地站起来，高声喊道："我赞成，暴动当红军，跟着蒋介石死路一条！"

季振同、黄中岳也随着大声喊"坚决暴动"。

一时间，军官们放下杯盏，议论纷纷，多数人同意暴动，少数人正在观望，唯有几个团长坚决反对，他们跳下楼去，刚一落地，就被暴动士兵捉住。

此时，楼下的暴动士兵二十多人冲上小楼，把想逃跑的75旅旅长张芳昭、81旅旅长王恩布和另几个团长捆绑起来。

赵博生命令发信号，总指挥部执法队上尉队员孙步霞三个点射，宁都上空响起了暴动的信号。

董振堂立即回到旅部，指挥部队暴动。他逮捕了几名反动营长。他命令73旅城外各团部队，马上撤离营地，开到梅江河畔，集结待命。他又派人把边章五叫来，告诉边章五他的旅长张芳昭反对暴动，已被扣押，让他马上以张芳昭的名义把75旅拉到梅江河畔。学兵连在解决25师师部电台时，遭遇阻击，发生枪战，他立即赶往25师师部。原来，由于夜色昏暗，联络不畅，学兵连与74旅前去搜捕李松昆的部队发生误会，双方小有伤亡。幸亏董振堂及时赶到，平息了误会，制止了事态扩大。

经过赵博生、董振堂、季振同镇定果断的指挥，经过广大官兵一整夜的紧张行动，宁都暴动兵不血刃，大获成功。

由于计划周密，除因误会造成几名官兵伤亡外，起义的其他方面，没有发生战事，皆取得胜利。计一个总指挥部、两个师部、六个旅部、十一个团，共一万七千余人，携带两万多件轻重武器和八部电台以及大批装备物资全部参加了起义。

城内各部集结在水口，城外各部会合于梅江河畔，待命出发。

这时，赵博生走到队伍前面，高声宣布宁都起义成功了。宁都城宣布临时戒严，重新颁布口令。赵博生亲手写了"解放"两个字。

董振堂站在前面高声喊道："弟兄们，从今天起，我们再也不受蒋介石的欺骗了。"说着，他带头撕碎了国民党的军旗，扯下了帽花、胸章、领章，抛在地下。各级各部掌旗官和全体官兵，也都把那些死亡、耻辱、仇恨的标志撕碎、扯烂，撒满了梅江两岸。队伍里响起了惊天动地的口号声：

"打倒蒋介石！"

"打倒祸国殃民的国民党反动派！"

"打倒军阀！"

"打倒日本帝国主义！"

就连士兵们过去秘密传唱的那首歌，此时也在山野间回荡：

红军来了，缴枪吧！

每人三块大洋，回家吧！

红军来了都欢迎，

打倒卖国奸臣回北方，

红军来了齐欢唱，

打倒日本军阀，得解放。

董振堂感到一种说不出的轻松和喜悦，这些天来紧张、繁忙、谨慎的起义工作造成的劳累与疲惫，一下子都到九霄云外去了。第26路军离开宁都后，红12师开进宁都，鲜艳的红旗在宁都上空飘扬！

1931年12月15日清晨，起义部队浩浩荡荡向中央苏区开进，灿烂的太阳照耀着梅江两岸。

26路军的起义部队走了整整一天，他们来到革命根据地固厚墟，它是彭湃（宁都）县苏维埃政府所在地，距离宁都县城只有五六十里，中间隔着一座小山岭，一边是国民党的统治区，那里的百姓整天愁眉苦脸，每日生活在国民党政府和土豪劣绅的压榨之下；另一边是共产党的革命根据地，人民群众翻身当家做主，没有压迫没有剥削，人人平等。

当26路军的部队走到固厚墟时，天已经黑了。起义部队受到沿途百姓的热烈欢迎，道路两旁聚集了很多人。早有儿童团少先队员举着火把为他们照亮道路，每人手里举着一面纸做的彩色三角小旗，列队站在大路两旁，喊着欢迎他们的口号。欢笑声、口号声交织在一起，一浪高过一浪。26路军的官兵们戎马生涯，南征北战，出生入死，替军阀卖命，无论走到哪里老百姓都好像见了瘟神一样，东躲西藏。可是今天，他们刚刚起义过来，刚刚踏上苏区的土地，就受到如此热情的欢迎，一个个铁血汉子眼中盈满感动的热泪，深刻感受到了作为一名红军战士的荣耀。

此情此景，令苏进终生难以忘怀，多年以后，他在一篇回忆文章中写道："我的眼睛湿润了，自从来到江西，群众遇见我们，不是躲避，就是投来冰冷仇视的目光，哪儿有出来表示欢迎的？我突然觉得，这根据地的山、根据地的水、根据地的一草一木和根据地的人民群众，对我统统变了，变得不再陌生、疏远，而是那样可亲可爱。"

董振堂和赵博生并肩而行，步伐轻松：自从当兵那天起，他就想着为国家为人民效力，可是到头来却多是为军阀政权卖命。军阀混战，又给人们带来沉重的苦难，怎么能不遭到人民的反对呢？从今天起，他才走上一条新的道路、正确的道路。他掩饰不住内心的激动喜悦之情，频频向道路两旁的群众招手致意。

当队伍经过村头时，人群中走出几位身穿灰布衣、头戴八角军帽的红军干部，其中一位中等身材，个头敦实，眉清目秀，微笑着走过来。董振堂一眼就认出来，这位就是被冯玉祥"清共"离开国民军联军，自己想念、期盼和找寻了四年多的刘伯坚。同时出迎的还有中革军委副主席王稼祥和红一方面军秘书处处长左权。

董振堂看见刘伯坚，急忙迎了上去，在走向红军的第一天，紧紧握住了这位兄长兼导师的手。

刘伯坚深感欣慰地说："我两天之前就来到这里，昨天一夜没有合眼，生怕发生什么意外。这回可好，兵不血刃，全军大规模的暴动成功了，整个苏区对这件事都深感振奋。"

这天，起义部队被安排在固厚墟宿营，当地老百姓自发腾房让屋给部队官兵。当地苏维埃政府和红军也都派来慰问团，送来粮食、蔬菜和猪肉等。官兵们纷纷说："在苏区就像是在自己家里一样温暖……"

当晚，刘伯坚召集董振堂、季振同、赵博生，拿出他前两天就写好的《原国民党第26路军于宁都起义后加入红军宣言》，一起就《宣言》内容进行了深入研讨和修改。获得一致通过后，无线电波载着原国民党第26路军官兵的肺腑之言，当夜便正式向全国广播：

全国的工人们、农人们、白军的士兵们：

我们要用革命的呼声向你们表白：我们原是国民革命军第26路军，受国民党蒋介石的压迫，来到江西"剿共"，但是我们两个师于1931年12月14日，在红色的江西彭湃县城实行革命的暴动，消灭了豪绅地主资产阶级的走狗反革命的军官、扯毁了国民党的青天白日旗，高举着苏维埃的红旗，加入工农红军，编为中国工农红军第5军团了！我们永远受中华苏维埃共和国中央军事委员会指挥，永远在中国共产党领导之下，实行土地革命，打倒国民党军阀，推翻帝国主义在华的统治，完成中华民族的解放统一。

我们都是穷苦工人、农人和受压迫的出身，原在北方的国民军服务，有志革命已久，苦于无人领导，1926年至1927年加入了国民革命的战线，参加北伐，不久即受国民党军阀的背叛而失败了。我们从此以后，就卷入了军阀混战的旋涡之中，血战了四年之久，百战余生的我们，得到了什么？热血洒遍了全中国的数百万白军士兵，又得到什么？

我们转战南北，奔驰万里，眼见得全国劳苦工农宛转呻吟于帝国主义国民党军阀重重压迫之下；眼见得帝国主义的刽子手——国民党军阀到处血淋淋地屠杀工农和共产党，拿血腥来维持他日益崩溃的统治；眼见得重重叠叠不断的灾祸，随着军阀混战和国民党高度的剥削，降临到全国劳苦工农的头上；眼见得军阀克扣军饷大喝兵血，去过他们军阀官僚的生活。

…………

我们早就忍无可忍了！但我们同样受着国民党

军阀的压迫，得不到意志和行动上的自由。在今天以前，我们所受的压迫沉重，和全中国工农是一样的，还蒙上了反革命部队的恶名，为工农群众所痛恶。现在我们坚决地暴动了，脱离了国民党军阀的压迫，从今天起，我们加入了中国工农红军，为工农的解放奋斗到底！

…………

中国工农红军第 5 军团总指挥季振同

副总指挥兼 13 军军长董振堂

参谋长兼 14 军军长赵博生

15 军军长黄中岳

暨全体指挥员战斗员

1931 年 12 月 14 日于江西彭湃县

像漆黑的夜空中一道耀眼的闪电，像沉闷的寰宇间一声震耳的惊雷，它向全中国人民庄严宣告：原 26 路军广大官兵不堪忍受国民党军阀头子蒋介石的压迫，终于向热衷于打内战的反动派发出猛烈的一击，具有历史意义的宁都起义胜利了！光荣的红 5 军团诞生了！

当激昂慷慨的起义宣言向全国广播时，董振堂、赵博生、季振同、黄中岳和刘伯坚等人在一间普通的农家堂屋里，兴致勃勃地畅叙别后之情。一别四年，竟然在这样的情形下相逢，一个个不禁思绪万千，感慨不已。

"我一直在等你们的消息，可是，一点儿消息也没有，真是急死人。我以为你们几个都牺牲了，谁晓得你们却搞得这么大规模呢！"刘伯坚风趣地说。

"大概是上西天的路还没有为我们修通吧。"董振堂也笑笑说。

几个人不约而同地哈哈大笑，董振堂笑得格外开心。

"博生，蒋介石让你缉拿共产党，你却把部队都带到共产党这边来了，蒋介石可是要通缉你这个参谋长的哟！"刘伯坚开玩笑地说。

"让蒋介石去通缉吧，反正我这把骨头属于苏维埃了。"赵博生动情地说。

"绍仲，你们写的信我都收到了，真是情真意切，一字一泪，一字一条血痕。这次起义，你们73旅起了重要作用，为革命做出了很大贡献，人民不会忘记的！"刘伯坚对董振堂说。

"你是我走向光明的引路人嘛！昨天夜里我们是破釜沉舟，豁出去了，结果还挺顺利，没有费多大劲儿就成功了。"董振堂憨厚地说。

这天晚上，刘伯坚与季振同等人亲切地交谈着，他们都很兴奋，感到有许多话要说，你一言，我一语，谈个没完，一直谈到深夜，才各自回去休息。

清晨，旭日东升，晴空如洗。部队即将出发前，集合在一个宽阔的打禾场上。中华苏维埃共和国临时中央政府和中华苏维埃共和国中央革命军事委员会（简称中革军委）在固厚墟村召开起义部队全体官兵大会，欢迎第26路军官兵参加红军。苏维埃政府和红军代表左权、刘伯坚及起义部队的领导人季振同、董振堂、赵博生、黄中岳等人出席会议。

刘伯坚代表中革军委宣布改编命令："我代表中华苏维埃政府和中共中央军委，热烈欢迎原26路军广大官兵光荣起义，参加红军！中华苏维埃政府和中共中央军委决定，授予起义部队以红军第5军团的番号，任命季振同为红5军团的总指挥，董振堂为红5军团的副总指挥兼13军军长，赵博生为红5军团的参谋长兼14军军长，黄中岳为15军军长……大家要紧密团结起来，高举革命红旗，为解放全中国几万万被压迫的工农群众，为中国的真正独立与统一而英勇战斗！"

"至此，每一个人才完全明白：我们已经是红军了！"（苏进语）

第二天的行军路线都在革命根据地内，沿途受到苏区广大工农群众的热烈欢迎和亲切慰问。送茶送水的，送米送菜的，还有唱歌的、跳舞的，随处都可看到，起义官兵受到极大鼓励。特别是出身贫苦农民或灾民的下级军官和士兵，看到分到土地的农民这样兴高采烈地来欢迎他们，内心很受感动——这是他们以前从来没有遇到过的情景。

1931年12月17日，红5军团开往石城县，按照中革军委的指示进行整编。部队整编后，起义部队被编为中国工农红军，授予红5军团番号，列入第一方面军建制，辖13、14、15军。第13军辖37、38师；第14军辖40、41师；第15军辖43、44师。

红第13军进驻龙岗、秋溪一带，红第14军进驻沿坝一带，红第15军和军团部进驻九堡一带。

经过几天行军，到达驻地后，中革军委召开会议，确立共产党的领导。把起义旧军队改造成一支新型人民军队，是一件极其繁复的工作，最基本的一条就是，把信仰和服从长官的个人意志转化为信赖和服从共产党的领导，成为一支真正的人民军队，这样不单要完成组织编制上的整编，更重要的是政治思想上的彻底转变。中革军委从红1、3军团等部抽调萧劲光、刘伯坚等优秀干部到红5军团工作。建立了民主制度，在政治上实行官兵平等，不准打骂士兵。连队成立士兵委员会，协助行政领导管理部队。每个连都派了指导员，并派来一名懂本地话的采买（相当于上士或司务长）。由他们组织政治学习，进行阶级教育。

多年追求光明的愿望，今朝终于实现了，董振堂怀着新生的喜悦，孜孜不倦地学习着、工作着。有一天，刘伯坚语重心长地叮嘱董振堂："起义成功了，你今后的担子也重了，应该多学习些理论知识，因为，这只是一个开端，要把一支旧军队改造成一支英勇善战、纪律严明、不怕牺牲的红军还要下很大功夫，以后的路会更艰苦，要时刻准备着为共产主义奉献一切！"

"请刘主任放心，我是铁定了心跟着共产党干革命的，至死不渝！"董振堂坚定地说。

宁都起义不但震惊了中国，而且轰动了世界，它也是以最小的代价取得最大战绩的一次起义。

这次起义，是南昌、广州、平江、百色起义之后，规模最大、兵力最多的武装起义。

这次起义人数的总和，相当于红一方面军当时总兵力的三分之二还要多。

宁都起义，有力地打击了国民党蒋介石反对共产党的政策，给中国工农红军增加了一股新的力量，对巩固和发展中央革命根据地起了重要作用。

曾任红5军团政委的萧劲光，新中国成立后曾任海军司令员、国防部副部长，大将军衔，他在回忆文章中说："宁都起义当时是一件举国震惊的大事，沉重打击了蒋介石'攘外必先安内'的反动政策，分化了敌人的营垒，鼓舞了全国人民的抗日反蒋热情。"

宁都起义的影响是深远的，直接影响了1948年何基沣同张克侠一起领导的著名的贾汪、台儿庄驻地起义。

何基沣在回忆文章中说，1927年春，他与董振堂都当上了师长，但当年秋天又一同被调职。董振堂被调到郑州任军官学校副校长，何基沣被调到南京去担任冯玉祥的高级参谋。由于何基沣坚决不干，冯玉祥将他保送到北京陆军大学去学习。当何基沣由南京去北京的时候，曾特地绕道郑州去看董振堂。何基沣那时满腹牢骚，萎靡不振。他们见面后，使何基沣吃惊的是董振堂仍然干得很高兴，而且对何基沣离开军队入陆大学习很不以为然。"现在回忆起他当时对我说的话，使我更加佩服他的远见和毅力"。那一次见面，董振堂坚定地对何基沣说："目前调离军队是小的挫折，也是对我们的考验，如果从此更加奋勉，不出两年仍然可以带兵掌握实力，要是像你这样下去，那就真要失败了。""我听了他的话，虽然有些后悔，但仍认为：如果能在陆大毕了业，今后是不愁没有办法的。我俩约定以后更要密切联系，就分别了。"果然不错，第二年，董振堂又被调到孙连仲部当了师长，并于1929年冯玉祥讨蒋失败后随孙连仲部到了江西。何基沣在回忆录里说："由于我和董振堂同志志愿相同，意气相投，所以，每当我遇到艰险困惑的境况时，总是得到他的帮助和指教。"由此可见，何基沣受董振堂影响之深。何基沣于1931年冬陆大毕业后，即写信给董振堂和边章五，准备到南京领到毕业证书后即到江西找他们。何基沣到南京不久，就接到董振堂和边章五的来信，邀何基沣马上到江西防地去，并已派专人在九江接他，嘱他万勿迟误，何基沣当即与孙连仲约好一同去。但由于何基沣当时正替卫立煌补写陆大毕业考试的试卷，因而迟延了几天。一天早晨，何基沣忽然得到孙连仲驻南京办事处的通知，说孙连仲因前方有要事，已于昨晚走了。何基沣对孙连仲的失约很惊讶，以致看了报纸才知道发生了宁都暴动，才得知董振堂和边章五都参加了工农红军。"我当时非常懊悔，自己错过了早日参加革命的时机，只得抱着万分失望的心情返回北京。以后，在抗日战争初期我见到了边章五同志，还谈到这件令人遗憾的事。"1948年11月淮海战役前夕，何基沣带领军队起义参加解放军的消息传出后，边章五从东北专门给何基沣发来贺电，说："你二十年的夙愿已偿，快何如之？""这是他在重提当年振堂同志对我最深切的期望。自从振堂同志牺牲后，每当回忆起我俩的往事时，常常不觉热泪盈眶，感念不已。"

何基沣后来成为一代抗日名将。1933年春，何基沣赴喜峰口抗击日军，以成功升为第110旅旅长。卢沟桥事变前夕，率部驻守卢沟桥一带，多次挫败日军。卢沟桥事变发生后，直接指挥驻军抵抗，以机智顽强的作战风格著称。1938年秘密赴延安，1939年1月秘密加入中国共产党。1948年11月，同张克侠一起率领国民党第77军和第59军共两万余人在贾汪、台儿庄驻地起义，为淮海战役的胜利做出了贡献。

说起宁都起义的影响，当年参加宁都起义、曾任红5军团第40师参谋长的孙毅在回忆文章中说："宁都起义前，高树勋离开了宁都说是去治病。1946年春，高树勋在邯郸战役中率部起义。这次起义与宁都起义的影响是有关系的。"

笔者来到了位于江西的宁都起义指挥部旧址，这里原是一座耶稣教堂，是一座砖木结构两层楼房的西式罗马建筑。

现旧址保存完好，建有宁都起义陈列馆，里面收集了红5军团的各种资料。

从这里悬挂的一张当时红5军团的序列表上，可以看出，红5军团政治工作的阵容。刘伯坚、萧劲光、左权等，这些名震中国革命史的光辉名字，都曾经为红5军团的改造而努力。

六、初入红军显身手

当红 5 军团还在进行整编的时候，赣州战役已经打响了。打赣州，毛泽东是不同意的。毛泽东主张向敌人力量薄弱的东北方向发展，但教条主义者排斥毛泽东的正确主张，仍旧调主力打赣州，企图通过攻打敌人占领的中心城市，实现"革命在江西一省或湘鄂数省的首先胜利"。

赣州战役是彭德怀指挥的，3 军团的指战员们打得很英勇。但由于赣州三面环水，城墙又高又厚，素有"铁赣州"之称，易守难攻。这里当时由国民党军朱绍良部三千多人和赣南十七县地主武装五千人驻守。

强攻很不容易。3 军团便进行坑道作业，从地道下逐渐接近敌人的城墙进行爆破，然而敌人的火力太猛，连续几次爆破失败，我方伤亡很大。

前方战事紧张，中革军委指示红 5 军团迅速完成整编，准备赴前线助战。红 5 军团的战士们焕发出高涨的战斗热情，听到前方传来的隆隆炮声，个个摩拳擦掌，跃跃欲试。这些起义将士们认为从现在起，打仗才有了真正的意义。

按照军委指示，5军团第13、14、15军向赣州疾进增援，驻茅店、江口一带。此时，赣州战役已打了二十多天，敌人据险固守，始终未能打下。红5军团接到3军团彭德怀、滕代远来函，敌罗卓英及陈诚、公秉藩自吉安方向来援。于是，他们立即请示军委，建议在良口、储潭、大湖一线沿河阻击敌人，以保证战役的顺利进行。此部署得到军委的批准。15军进驻储潭、大湖一线，其余部队进至七里镇、梅林（今赣县）一带，在赣州外围阻击增援敌人。此时，3军团攻城已经近一个月，伤亡惨重。城内敌人自恃有援兵，便进行出击，将3军团挖地道的第1师包围了起来。

在此关键时刻，董振堂受命出击。他带领第13军进入阵地，在天竺山、白云山一线，与城外援敌激战，重创敌军。随后，又率部乘胜追击，杀到赣州南门城下与出城之敌展开近战。

敌我混战一起，无法开枪，董振堂从马背上抽出大刀，大喊一声："同志们，把大刀举起来，杀呀！"他手起刀落，与敌人展开肉搏战。一时间刀光闪闪，敌人血肉横飞，丢下几百具尸体，仓皇退回城里，1师才转危为安。

"这支队伍每人都是步枪、驳壳枪、大刀三大件，当时全都不打枪，十分骁勇，手起刀落，脚下人头满地乱滚。"亲身经历了这次战争的刘少卿在回忆文章中写道，他时任红1师特务连连长。

赣州战役前后历时月余，最后不得不于3月7日撤围。

最终这一仗没有打胜，主要是王明"左"倾冒险主义错误指导。政治上提出争取一省数省的首先胜利，必然导致军事上的冒险主义。赣州为敌人重点防御城市，在敌强我弱的情况下，硬要去打，必然难以成功。

赣州之战成功解救了遭敌围攻的红1师，扭转了战役被动的局面，减少了红军更大的伤亡。

赣州战役是红军历史上一次重要战役，也是红5军团整编后参加的第一次战役，董振堂及红5军团将士表现出的不怕牺牲、英勇善战的战斗精神，狠狠地打击了敌军。

赣州撤围之后，部队集结于江口。1932年3月12日，中革军委发布命令，重编第1、3、5军团。原5军团15军调给1军团；14军调给3军团；13军和原属1军团的3军组成5军团。季振同仍为5军团总指挥，董振堂为副总指挥，萧劲光为政治委员，周子昆为参谋长。13军仍由董振堂兼军长，政委何长工；3军军长徐彦刚，政委葛耀山。3月下旬，季振同赴苏联学习，董振堂接替季振同的工作，行使红5军团军事主官之职。党的信任和鼓励，使董振堂更加振奋。

赣州战役以后，红军向哪个方向发展？苏区中央局于3月中旬召开了会议（即江口会议）。毛泽东再次提出向北发展的主张，即集中兵力向敌人防御力量较薄弱的赣东北方向发展，逐渐与赣东北根据地连成一片。但在当时"左"倾路线指导下，毛泽东的这一意见没有被采纳，决定主力兵分中、西两路。3 月 18 日，军委命令由 3 军团组成西路军，彭德怀任总指挥，滕代远为总政委；1、5 军团组成中路军，林彪为总指挥，聂荣臻为总政委。分兵的目的，还是沿赣江而下，赤化两岸地区，占领沿江大城市，完成夺取数省胜利的任务。分兵以后，军委给 5 军团的任务是做第二梯队，监视广东粤军，掩护 3 军团过江，处理 1 军团行动后的善后工作。这样，5 军团第 3 军、第 13 军即活动于赣州以南，信丰与安远之间，把守苏区南大门，同时发动群众，扩大红军，打土豪、筹款子。那时红军十分困难，没有巩固的后方，单靠苏区人民节衣缩食的供给是不够的。因此，红军除了打仗取得一些装备上的补充以外，一项非常重要的任务，就是筹款筹粮，解决吃饭问题。这时，毛泽东提出建议，中路军改为东路军向闽南攻打漳州。漳州是福建的一个大城市，主要作战对象是国民党张贞第 49 师。为了打胜这一仗，军委命令 5 军团迅速开往龙岩。

1932 年 4 月 3 日，红 1 军团由长汀出发向龙岩开进。4 月 8 日，董振堂、萧劲光、周子昆、刘伯坚率领红 5 军团由信丰东部的新田出发。新田到龙岩五百多里，一路山高路窄，河深水急，而且 4 月闽南天气炎热，气候多变，时而烈日当空，时而大雨倾盆，红 5 军团每天以近百里的速度，直插龙岩。

4 月 10 日拂晓，红 1 军团第 15 军一部在黄中岳率领下，全歼龙岩以西小池之敌，随后继续东进，直逼龙岩。当天下午，红 1 军团分路出击，经过两小时激战，攻克闽重镇龙岩，取得了东征的第一次胜利。守敌残部向适中、漳州溃逃。龙岩之战，打开了东征漳州的大门。红军歼敌145旅两个团，俘敌685人，缴获大批武器弹药，为进攻漳州创造了有利条件。红1军团攻克龙岩城后继续东进，准备攻取厦门附近的漳州。当时漳州是福建省一个重要城市，由国民党张贞部第49师防守。

1932年4月14日，董振堂根据毛泽东"5军团必须于14日全部赶到龙岩"的命令，按时到达龙岩与红1军团会合。

随后，毛泽东根据敌我态势，决定立即攻取漳州，并做出战略部署：董振堂率红5军团第13军驻防龙岩城，负责维持龙岩到漳州的交通，保障后方物资供应，警戒粤军敌人从后进攻；萧劲光率红5军团余部随红1军团由龙岩出发，沿龙漳公路向漳州挺进，攻取漳州。

董振堂与何长工率部驻守在龙岩。龙岩距漳州二百三十多里，山高水险，道路崎岖，刚刚被红军打下，属于新区。当地土豪劣绅逃进土围子，不少群众受国民党的欺骗躲进了深山。加上当地匪患猖獗，情况十分复杂。大战在即，这条二百多里曲折迂回的山间公路，就成为保障东路军主力胜利攻取漳州的生命线，龙岩也成为通往漳州的军事咽喉和前方作战主力的后方根据地。

作为高级军事指挥官，董振堂深知后方交通安全对战役胜败的重要性，得到命令后，他立即向红5军团各部发出严令：不惜一切代价保卫交通运输线安全。

当时漳州战役正处于艰苦的相持阶段，红5军团奉命前往增援。到了漳州，董振堂很快做出战斗部署。一天，有股数百人的土匪到红军驻地骚扰，董振堂刚刚下达命令，作战科便向他汇报："敌人的左翼有逃跑迹象。""不可能！"董振堂十分果断地说，"敌人不可能从这里逃跑，逃跑就会死路一条。"原来，董振堂在战前已经做了周密调查。他向当地四五个农民详细地询问敌人的情况和漳州一带的地形，向部队的一些同志了解到敌军的情况，还问萧劲光、何长工"敌人有什么作战特点呀？是善守还是善攻？敌军的指挥员是哪个军校毕业的"等等。多方面有关情况都弄明白了，他才下决心，做出判断。

　　为了应付战场瞬息万变的情况，把战争的主动权稳操在手，董振堂下达命令之后，便匆匆到前沿阵地。突然，一颗炮弹在十几米远的地方爆炸了，飞扬的尘土落了他一身。警卫员担心出危险，急忙拉他下去，他却把手一甩："我不怕！一将不动，军心稳定。指挥员要是遇事就慌了，还怎么打仗！"他冒着硝烟沉着指挥，当发现堵截敌人退路的部队有些吃紧时，立即又调了个团上去，死死堵住敌人的退路，结果俘敌一千多人，胜利完成了阻击任务。

　　1932年5月，董振堂正式升任红5军团总指挥。这时，中共临时中央和苏区中革军委决定恢复红一方面军番号，中革军委主席朱德任总司令，王稼祥兼政治部主任。红一方面军辖1、3、5军团，同时取消东路军和西路军番号，毛泽东随 1 军团行动。

当时，战斗十分频繁，一仗接着一仗。1932 年 9 月，董振堂率领红 5 军团又经过五百多里的长途跋涉，进入赣南信丰地区，与红 1、3 军团及江西军区所部协同作战，围歼敌军。

1932 年 7 月 2 日，彭德怀率领红 3 军团向池江之敌发起攻击，打响了第二次国内革命战争著名的南雄水口战役。

董振堂率红 5 军团奉命开上去。

"水口战役是一场关键性的战斗。"董振堂在师以上干部会议上严肃地说，"你们大家想一想，从当红军以来，我们还没有打过一次大仗，这一次我们一定要好好打一打！"

师长边章五激动地说："大家情绪很高，劲儿憋得很足！"

董振堂右手在空中有力地一挥，情绪激昂地说："这一回要拿出我们过去拼大刀片的精神来，拼他个天翻地覆！"

萧劲光说："对！这一次我们要好好打一打，为红 5 军团争光。"

何长工提高嗓音说："我们就想当英雄，不当孬种！"

大家充满了战斗豪情。会一散，董振堂即刻跟着前卫团出发了。在路上，他给前卫团团长鼓劲儿："这回该看你们的了。你这个团平时训练不错，这回要拿出一手来。我就在你这里不走了，亲眼看看你们这些英雄到底怎样。"

1932 年 7 月 9 日拂晓，董振堂亲临前线，指挥红 5 军团对水口之敌展开进攻。战至中午，毙敌大部。红 5 军团也伤亡很大。不料，12 时许，敌人增援部队六个团从南雄赶到水口，成团的兵力向红 5 军团第 13 军阵地连续冲锋，疯狂反扑。在敌人的猛烈炮火下，红 5 军团战士英勇拼杀，敌我反复争夺阵地，战斗异常激烈。在战斗的关键时刻，董振堂跟着前卫团来到与敌人相距百十米的地方，在一个土坡旁蹲下来，察看地形、敌情。这里是一片开阔的斜坡地，进行肉搏战颇为适宜。身穿白上衣，手握大刀的战士们威风凛凛地相继进入阵地。董振堂也和战士一样，把外衣脱掉，只穿一件白衬衫。他对警卫员高志忠说："你把枪给我，到了关键的时候了！"他又拿过高志忠身上背的大刀看了看说，"把刀保护好，今天这一仗就豁出去了！"

战前阵地上一片静寂。突然，冲锋号响了，杀声骤起，早已急不可耐的战士们奋勇争先地向敌群冲去。董振堂威武地站在那里，嘴里不停地大声喊："杀——杀——杀！"为战士们助威。随着战士手中大刀的起落，一个又一个敌人倒在血泊中。有的敌人双手抱住脑袋，连头带手指全被砍掉。有的吓得急举双手投降。战士们大刀拼弯了，战衣染红了，依然奋勇杀着。战至傍晚 7 时，才打退敌人最后一次进攻，双方各自回营。

当战斗进行到最紧张的时刻，董振堂身边只留下两个人，连专门负责保护他的警卫排也被派出去到各处传达命令。他见有一个团在战场上拼杀不力，即命警卫班长："你快去告诉王团长，让他亲自上去！"王团长上去后，很快扭转了战局，保证了战斗全胜。董振堂怀着悲喜交集的心情向战后沙场走去，警卫员怕他中敌人冷枪，急忙上前拦阻。他说："干什么？怕死？"他在战场上转了一圈，向死难的烈士们默哀告别，然后离去。

就在红5军团与敌激战的时候，9日下午，红一方面军总部急令红1、3军团第12军迅速增援水口红5军团，合围歼灭敌人。

7月10日早晨，毛泽东亲率红1军团和第12军赶到水口，来到红5军团指挥部，召集董振堂、萧劲光、林彪、聂荣臻、赵博生、徐彦刚召开作战会议。

董振堂对这次战斗产生了疑惑："四个团怎么这么禁打，我想是不是敌情有变？"

毛泽东听了董振堂的战斗汇报后说："哪里是四个团呀？敌人又增派了六个团，一共十个团，一万多人，你们还当作四个团来打，好险呀！老五可真能打哟！"

南雄水口战役，从7月2日至10日，历时九天，击溃敌军十余个团，毙伤敌人三千人。根据战后统计，仅在5军团阵地上，被大刀砍死的敌人尸体就有近千具。此战狠狠地打击了粤军的嚣张气焰，稳定了中央苏区的革命局势。但此次战役，红军损失也十分惨重，仅红5军团就伤亡团长七名、连排干部近半数、战士千余名。第13军有的团剩余不过百人，军长赵博生负伤。

多年后，时任政治委员的聂荣臻回忆说："水口战役是著名的恶仗，双方伤亡之大，战场景象之惨烈，为第二次国内革命战争时期所罕见。尸横遍野，对于这次战役来说，并不是言过其实。水口战役中，红军战士与敌人日夜鏖战，十分艰苦。有的部队白天打仗，夜晚还要在该地露营，许多同志疲劳过度，倒头便睡，第二天醒来才发觉自己和敌人的尸体露宿在一起。有的同志夜间口渴，摸到河沟里喝水，入口的河水都有一股血腥味，第二天才发现水里泛着红色，这就是水口战役的真实写照。"

水口战役，红5军团声名大震，真正成长为一支有战斗力的劲旅。红5军团的大刀杀出了威风，从此威名远扬。

随后，董振堂又率军参加了以红1、3、5军团为主力的乐安、宜黄战役，大获全胜，攻占四座县城，全歼敌第27师，俘五千人，缴获长短枪四千支、机枪二十挺、迫击炮二十门、电台三部。在建（宁）黎（川）泰（宁）战役，与1、3军团协同作战，以较小的代价占领建宁、黎川、泰宁等广大地区，打开了赣东、闽北局面。接着又率部参加金溪、资溪战役。

董振堂迅速成长为一名卓越的红军指挥员。

1932年12月11日，红一方面军总政治部根据中革军委的决定，在瑞金召开两万多人的大会，庆祝广州暴动和宁都暴动一周年。14日，红一方面军总部也在黎川总部召开了纪念宁都暴动一周年大会。会上，红5军团政治部主任刘伯坚宣读了《中革军委关于嘉奖宁都暴动干部战士的通令》，中革军委授予董振堂一级红旗勋章。

董振堂率领红5军团参加了第四次反"围剿"，取得了胜利。1933年9月，董振堂又率领红5军团参加了第五次反"围剿"作战。在第五次反"围剿"期间，1934年1月22日，第二届中华苏维埃共和国中央执行委员会在瑞金召开，大会选举产生了第二届中华苏维埃共和国中央执行委员会，董振堂当选为中央执行委员。由于党内教条主义的错误领导和共产国际军事顾问的错误指挥，1934年10月，红军的第五次反"围剿"失败，董振堂的第5军团也付出了惨重的代价，只剩下不到一万一千人。到10月中旬，红军向西突围，开始了艰苦卓绝的长征。

七、守无不固铁后卫

1934 年 10 月的一个晚上，红军被迫离开革命根据地，进行战略转移——长征。中革军委经过反复考虑，决定把掩护大军突围西进的后卫任务交给红 5 军团。

长征，不仅要与前进道路上的雄关要隘做斗争，还要打破敌人重兵的围追堵截。为了红军八万六千人的安全转移，不但要有一支英勇善战、攻无不克的前锋部队，更需要一支坚定勇敢、能攻善守的后卫部队。

让董振堂率领的红 5 军团担任整个长征队伍的总后卫，是党中央、中革军委综合考虑各种因素以后慎重做出的决定。董振堂是革命战争年代我军为数不多的受过多年严格正规军事专业教育的将才，他所率领的部队又身经百战，作战经验丰富，加之进入苏区后常到红 1、3 军团学习，其指挥风格吸纳了林彪与彭德怀所长，既认真细致，又果断勇敢。在战火的磨砺中，董振堂与他所指挥的红 5 军团逐渐成熟起来，成为红军的一支生力军，在作战方式上，以打防御战见长。

因此，担任后卫充分体现了党中央对红5军团的信任。

红军将士们都知道：林彪率领的1军团擅长突袭和伏击，彭德怀率领的3军团善于正面进攻和肉搏战，而董振堂率领的5军团，是打阻击的硬手。

打后卫阻击最难，面对敌人，只有硬打硬拼，阻止敌人向前。因为后卫的任务是保护前方大部队和中央领导的安全，无法躲也绝对不能躲，还要必须阻住，不允许失败，一旦失败，直接对首长的安全造成威胁。

当时，红军中还有一句话人人皆知：林彪的先锋是攻无不克，董振堂的殿后是守无不固。

军委主席朱德、副主席周恩来将董振堂召到总部，亲自向他交代任务。朱德说："董振堂同志，这次全军转移，规模很大，后卫的掩护任务交给你们第5军团，你有什么意见和困难可以谈谈。"

"没有什么困难，保证完成任务！"董振堂坚定地说。

朱德还告诉董振堂，刘伯承总参谋长要调到红5军团去。董振堂似解非解地问："是跟红5军团一起行动吗？"朱德说，不只是一起行动，刘伯承去红5军团当参谋长。

原来，自从李德来到苏区，尤其是第五次反"围剿"以来，刘伯承对李德的"瞎指挥"强烈不满，早就憋着一肚子气。一天，李德到总参谋部去，几个机要员在路边烧火做饭，挡住了他的去路。李德顿时大怒，一脚踢翻了饭锅，还破口大骂。刘伯承看不过去，当场跟李德吵了起来。他斥责李德：

"帝国主义分子就是这样欺负中国人的,作为共产国际派来的顾问,你这种行为是错误的,是帝国主义行为!"

李德哪里受过这样的指责,他觉得在士兵面前受到了侮辱,失去了威严,便把刘伯承告到博古那里,说刘伯承不尊重他,妨碍他工作,一定要博古撤掉刘伯承的总参谋长。就这样,对李德言听计从的博古便把刘伯承贬到了红5军团。

红5军团司令部就在兴国城外五里亭佛岭的一座小庙里。董振堂和往常一样,仍然把刘伯承当作总参谋长,当作自己的首长,给予热情接待,并且详细介绍了敌我态势,一起研究作战方案。1月14日,红5军团撤到兴国以南十里的洪门村。下午,董振堂召集营以上干部在尹家祠为刘伯承举行了欢迎会。会上,刘伯承以血的事实谴责了李德"瞎指挥"。他说第五次反"围剿",不叫打仗,叫"挡仗"。敌人也不叫打仗,叫"滚仗"。敌人凭着优势兵力、现代化的装备,像个大石磙子滚过来,我们还硬用人去挡,当然要吃亏啦。刘伯承表扬了红5军团英勇顽强的战斗作风,要求各级干部抓紧动员准备出发转移。

于都位于中央苏区西南部,于都河(即贡水)从城边流过。1934年10月中旬,红军各部和中央党、政、军领导机关集结于都河畔,开始渡河。红军在当地群众的大力支援下,调集八百多只大小木船和大批木材,在上下六十里河段五个渡口架起浮桥。为防止敌机侦察发现红军的行动,红军每天下午5时开始架桥,部队走过浮桥后,次日凌晨7时前又全部拆除，到下午5时重新架设。1934年10月18日，红5军团完成掩护部队和中央机关的集结转移任务后，董振堂接到中革军委命令，把阻击阵地交给独立3团和独立13团，率红5军团撤出防线。这天，红5军团到达于都城西约三十里的罗坳镇步前村，补充了一千三百名新战士。随红5军团行动的中央代表陈云报告了当前的形势和任务。19日、20日，红5军团分别从罗坳镇鲤鱼村、石尾村两个渡口渡河。

于都河波浪滔滔，浮桥两端，于都河岸，人山人海，成千上万的男女老少，从四面八方赶来，为亲人们送行。

夜深了，两岸无数的火把仍然亮着，董振堂带领军团司令部成员来到石尾渡口桥头，这时，他看到刘伯坚挤过人群向他走来。董振堂顿时喜出望外，迎着刘伯坚走过去，两双手紧紧地握在一起。

董振堂与刘伯坚相识已有八年之久，早在西北军时期他们就建立了友谊，是刘伯坚对他施以革命的启蒙教育并指引他走上了革命的道路。红5军团成立后，刘伯坚又在这支部队里一直担任政治部主任，两人朝夕相处，并肩战斗，董振堂时刻得益于刘伯坚的帮助。在1934年5月广昌保卫战以后，刘伯坚就调离了红5军团，到成立不久的赣南省军区任政治部主任，他们已经有五个多月没有见面了。董振堂时时想起刘伯坚，想着他多年来对自己的教导，想到他的光明磊落、才华出众，且才高而不骄矜，处处尊重别人，礼贤下士，善于团结同志，以及他非凡的组织和宣传鼓动才能。正是有了刘伯坚的卓越的思想政治工作，才使红5军团很快成为一支能打善战的人民军队。虽然战争十分残酷，红5军团却始终保持了旺盛的战斗精神，充满蓬勃生气，打了那么多的硬仗、恶仗，取得了很大的成绩。今天，意外相逢，在这样的场面见到刘伯坚，董振堂的心情异常激动。

刘伯坚心情沉重地说，这几天他一直在河边等着董振堂，宁都起义过来的主要领导，就剩董振堂了，他一定要见到董振堂。

董振堂沉默片刻，随即转换了话题说，军委让他打后卫，红5军团最后撤离，前天才离开兴国前线。接着他问刘伯坚怎么还没走。刘伯坚说，他不走，他这是带队伍过来送红军过河的。军委让他留下来，在苏区坚持斗争。面对几十万敌军的重重围困，留在苏区坚持斗争意味着什么？董振堂心里十分难受。

"伯坚，我真想和你一起共同战斗，过去你给我指明了人生的道路，今后我还需要你的帮助。"董振堂真诚地说。

"组织上决定把我留下来，继续坚持斗争，我必须服从组织，这是我们党的原则嘛！"刘伯坚说。

"红军主力离开苏区以后，斗争会更加残酷，你要多加保重！"董振堂不安地说。两位战友又一次紧紧地拥抱在一起。谁知，这次分别，竟成了他们的最后诀别。1935年3月4日，刘伯坚在江西信丰唐村战斗率部突围时被俘，21日在江西大庾英勇就义，其大义凛然的英雄气概，震撼了全中国。

其诗《戴镣行》，至今感人肺腑。

1934 年 10 月 21 日，按照中革军委命令，部队开始突围。

由于王明的"左"倾路线实行战略退却中的逃跑主义，部队只能向西突围。由几千名挑夫，挑着苏区的大量财物，包括兵工厂的机器和印刷厂的印刷机、医院的 X 光机等医疗器械、药品，以及机关的各种文件、用具，红军储备的武器弹药和各种军用物资。总之，所有"坛坛罐罐"全部带走。毛泽东说"就像是大搬家一样"，走上了艰苦的征程。这支队伍前后长达二十余里，很难保守行动的秘密，没有一个指挥员不为那些负重的挑夫们担心，他们中间很多人挑着能够肩负得起的最大重量，一天行进三四十里都很困难。

红军这支八万六千余人的行军队伍，包括军委和红军总司令部及其直属部队组成的军委第 1 纵队，由叶剑英任司令员，博古、张闻天、周恩来、毛泽东、朱德、王稼祥、李德等随其行动；中共中央机关、中华苏维埃共和国中央政府机关、后勤部队、卫生部门、总工会、青年团、担架队等，组成第 2 纵队，亦称中央纵队，由李维汉任司令员兼政委。

董振堂离军委纵队近了不行，远了也不行。如果近了，敌人追来直接威胁着军委纵队；如果远了，敌人从军委纵队和红 5 军团之间的侧翼插进，也有极大危险。所以，他要掌握好部队行进的速度，与军委纵队保持半天的路程，并且每天都和军团通讯队走在一起，经常与军团后卫部队联络，时刻保持高度警惕。

长征开始时，红5军团的编制如下：军团长董振堂，政治委员李卓然，参谋长刘伯承，政治部主任曾日三，中央代表陈云。全军团下辖第13师和第34师。第13师师长陈伯钧，政治委员罗华民，参谋长孟焕章，下辖第37、38、39团；第34师师长陈树湘，政治委员程翠林，参谋长王光道，下辖第100、101、102团并担任整个长征队伍的总后卫。

为了保障军委纵队的绝对安全，董振堂和刘伯承制定了严密的行军方案：13师和34师交替前进，无论哪个师在后，都由军团主力第13师之主力第37团担任全军团的后卫，时刻阻击追敌。

1934年10月25日，红1、3军团占领桃江（即信丰河）两岸渡口，后续部队从浮桥通过。当红5军团正要渡过桃江时，后方传来密集的枪声，一支敌军眼看追上。董振堂当机立断，命令有马匹的军直机关全部牵马徒步过江，腾出浮桥让战斗部队通过。全军团过江后，他又命令后卫37团拆除浮桥，使追敌无法前进，掩护军委纵队突破了敌人的第一道封锁线。

数日后，在湖南汝城以南突破敌人的第二道封锁线，进入湘东与粤北地区。

接着，从宜章与坪石之间又突破敌人第三道封锁线。

在突破敌人前三道封锁线的战斗中，由于敌人多采取"不拦头、不斩腰、只击尾"的作战方针，第5军团经常要面对数倍于己的追兵，打退敌人，摆脱纠缠，再追赶主力。为躲开敌机的轰炸，红军白天宿营夜间行军，只走山间小路，绕来绕去，翻山越岭，辎重繁多，还有军委纵队的许多妇女、老人，整个队伍跑也跑不动，走也走不快。

11月11日，国民党粤军陈济棠部两个师及两个独立旅和地方反动武装追至延寿，偷袭红军第34师。红军被迫退守下杨、寿水一线小山头，面临延寿江，背水一战。俯控延寿江的青石寨制高点至关重要，敌我双方反复争夺。敌人自恃强大火力夺占青石寨后，向延寿江边的红34师简家桥、寿水一线阵地发起猛烈进攻，双方为每一处阵地、每一处制高点展开了你死我活的争夺，战斗进行得异常惨烈。董振堂了解情况后，亲自组织突击队，端着枪冲在最前头，硬是杀开一条血路。经过三天三夜血战，将敌人赶了出去，重新夺回青石寨，稳定了整个防线，掩护辎重队伍顺利通过。

第二天拂晓，敌人的炮击就开始了。敌人冲上来，很快被红军打下去。又冲上来，再被打回去。掩体、战壕得而复失，失而复得。无休止的拉锯战，喊杀震天的白刃格斗，空前惨烈。

敌人犹如输红眼的赌徒，不惜血本倾全力与红军生死一搏。坚守阵地的红34师也打红眼了，打退了敌人的一次又一次进攻。

红军进入湘南地区后，想突围西进，蒋介石委任湖南军阀何健为"追剿"军司令，调集十六个师共七十七个团，约四十万人，分五路"追剿"，在湘江沿岸设置第四道封锁线，妄图阻止红军渡江西进，并疯狂地叫嚣将红军歼灭在湘江以东地区。敌周浑元的四个师和李云杰的两个师像拉网似的从后面追来。

林彪率领红1军团为左路，彭德怀率领红3军团为右路，两个军团前头开路；罗炳辉率领红9军团（长征时新成立组建）在红1军团之后跟进，周昆率领红8军团在（长征时新成立组建）红3军团之后跟进，两个军团掩护左右侧翼的安全；军委纵队居中；全军以甬道式队列前进。董振堂率领红5军团断后，紧紧跟在这支队伍的后面，既要行军跟进，又要随时掩护作战，拦截敌人的追击，保障首长的安全。

湘江血战

湘江，又宽又深，由南向北，流经广西进入湖南。对岸还有一条与它平行的桂黄公路，敌人在这中间修筑了一百四十多座碉堡，封锁十分严密。这是敌人第四道封锁线，也是最后一道封锁线。

1934年11月27日，湘江战役打响。董振堂亲临前沿阵地指挥战斗，他在动员中说："同志们，考验我们的时候到了，红5军团能不能经得住考验，就要看这最关键的时刻。我们要发扬不怕牺牲、英勇战斗的精神，战胜强敌，一切为了苏维埃新中国，不惜流尽最后一滴血！"

红1、3军团已控制六十里湘江两岸。红1军团在全州附近阻击敌人的进攻，保卫湘江西岸，红3军团在灌阳、兴安一带阻击敌人保卫湘江沿岸各个要点，红8、9军团分别在红1、3军团后面跟进，红5军团在灌阳以北文市一带阻击蒋介石嫡系周浑元部。红军各军团在湘江渡口和湘江以东一百五十里之内的多个地区陆续展开血战。顶着天上敌机的猛烈轰炸和地上大炮机枪的火力倾泻，红军击退了敌人的一次又一次进攻，用鲜血和顽强筑起一条通往湘江的大道。

由于"左"倾错误的影响，1934年11月25日就已抵达灌阳以北文市、贵岩一带的军委纵队，仍然抬着从中央苏区带出的"坛坛罐罐'等繁重物资，进行常规行军，导致队伍走了四天才到达湘江岸边，严重贻误了渡江战机，使红军深陷敌人重兵包围，被迫在兵力悬殊的情况下，冒着敌人猛烈的火力展开这场事关生死存亡的渡江之战。

董振堂率领第13师运动防御，边打边行，28日在永安关严密布防，与敌激战。29日，第13师刚刚进入文市东南一带，又遭遇桂军敌第44师从侧后过来的追击，董振堂立即命令部队占领大路两边的山头，指挥部队利用地形优势集中火力，多次击退敌人进攻。经过一天一夜激战，牢牢守住阵地，没有让一个敌人漏网，没有让敌人靠近军委纵队一步。13师在文市与敌人拼杀的同时，5军团34师同样在左翼的水街方向与敌人展开激战。他们的处境更加险恶，敌人猛烈的炮火如暴雨般倾泻在34师的阵地上，全师将士进行着一次又一次艰苦卓绝的阻击战斗，牢牢吸引了敌人大量兵力和火力。

1934 年 11 月 30 日，军委第 1、2 纵队全部从界首渡过湘江，越过桂黄公路。电报传来，董振堂顿时觉得肩上的担子轻松了许多。他随即命令第 13 师撤出阵地，向湘江靠拢，争取时间，迅速过江。为了加快行军速度，他让部队除了随身携带的武器弹药之外，扔掉全部影响行军速度的物品和装备，一身轻装急行军。13 师在董振堂率领下利用不到 1 个小时的时间，迅速进入敌人布围的三角地带。

在三角地带，董振堂率第 13 师一面阻击追敌，一面与前方堵截、左右两翼包抄的敌人顽强作战。他们充分利用地形等优势，展开阻击战斗，往往打退敌人一次冲锋后立即撤出战斗，在后撤中寻找有利战机，还需要经常躲避和还击袭扰的敌方战机。就这样，走走停停，打打走走，直到黄昏，第 13 师才到达湘江以东四十里的石塘峪，稍作休息后，又连夜西进。

当时，敌人向红军各部队发起全面进攻，妄图夺回渡口，围歼红军于湘江两岸。1934 年 12 月 1 日，中革军委下达紧急作战命令，要求没有过江的部队必须在当日全部过江，指出："一日战斗，关系我野战军可否开辟今后的发展道路，否则我野战军将被敌层层切断，我们不为胜利者，即为战败者，胜负关系全局，人人要奋起作战的最高勇气，不顾一切牺牲，消灭敌人进攻的部队，开辟西进的道路，保证我野战军全部突过封锁线。"

1934 年 12 月 1 日拂晓，董振堂率领第 13 师经麻子渡（今麻市）到达湘江凤凰嘴渡口。此时的湘江两岸硝烟弥漫、战火纷飞，物资器材遍地都是，尸体横陈，激烈的枪炮声和人叫马嘶声响成一片。渡口江宽、水深，且没有浮桥，空中更有敌军战机盘旋俯冲扫射投弹，在江面上激起一串串水花和冲天水柱，不时有徒步过江的战士中弹身亡，横卧江中。

面对这种形势，董振堂立刻指挥红13师从凤凰嘴沿湘江东岸北上六七里，来到倒风塘。这里虽然也没有浮桥，但是河不宽，水不深，两岸还有许多树木可以隐蔽，是个适合徒涉的渡口。到达后，他命令各团徒步过江。董振堂让刘伯承先过，而刘伯承却要董振堂先过，两个争执再三，最后刘伯承终于让董振堂先行过去。

清晨，太阳从东方升起，红红的、亮亮的，就像融入了红军鲜血的湘江水。此时，董振堂率领红5军团司令部、直属机关和第13师全部渡过湘江。

随后，敌人封锁了湘江两岸。当红34师完成掩护任务后，已经被敌军阻隔于湘江东岸，西去的渡口和道路被敌军切断，部队处于国民党军的层层包围之中，形势极为严峻。

12月1日，当红军大部队已经渡过湘江的时候，红34师刚刚翻过宝界山，离湘江渡口还有七八十里。他们边打边行，在敌人的缝隙间迂回前进。敌人采取分割围歼战术，要把红34师一口一口吃掉。12月3日凌晨，中革军委得知红34师通往湘江的道路被敌人全部切断之后，给陈树湘发去急电，为他们指出了与红军主力会合的行动路线，并指示

"在不能与主力会合时，要有一时期发展游击战争的决心和部署"。

哈里森·埃文斯·索尔兹伯里在《长征秘闻》里称红5军团"忠诚而耐战"。而红5军团的34师，却是红军长征中最悲壮的一个师。而悲壮中之最悲壮之人，当属34师师长陈树湘。

陈树湘烈士铜像在其出生地长沙县福临镇，大多数人到陈树湘纪念碑前，想起陈树湘，想起他的34师，想起34师的壮烈，没有不流泪的。

红5军团的34师，是红5军团才成立时的最早三个师之一，1933年春由闽西游击队改编组建而成。这注定是一支悲壮之师，它总与多于自己十几倍的敌人打仗，且总是以几乎全军覆灭的代价来执行任务，因为形势使然，别无选择。

先说第一任师长周子昆。在《长征秘闻》中有这样一个镜头，部队打得只剩下了周子昆一个人，布劳恩说，周子昆应当交给军事法庭审判并枪决，并命令警卫员把周子昆捆起来交给军事法庭，警卫员拒绝了。博古当时在场，他坐在那里一言不发，当布劳恩大发雷霆时，有人领着周子昆离开屋子，说道："我来处理这件事。"从而把周子昆保护了下来。

第二任师长彭绍辉（后来成了中国人民解放军副总参谋长），只担任了两个月就换成了陈树湘。

陈树湘率领的34师的湘江战役，是红军撤出中央苏区以来打得最激烈、损失最惨重的一仗。

陈树湘，1905年出生于长沙县福临铺，自幼和父亲逃荒到长沙小吴门外，后参加革命，打了许多硬仗和胜仗。先后担任工农红军第4军第30团7连连长，红4军特务连连长和特务营党代表，红2纵队4支队政治委员。1934年4月，陈树湘被任命为红34师师长。当年11月，陈树湘率部担当红军长征途中最危险的断后重任。湘江战役打响后，红34师官兵死守阵地，与数十倍于己之敌鏖战四天四夜，直到红军主力突围渡过湘江。

下午3点，陈树湘按照军委的命令沉着地指挥部队且战且退，于当日夜晚到达箭杆菁，准备经凤凰嘴涉水渡江。此时，部队尚有三千余人。

凌晨3点，总参三局的无线电收发报机终于搜索到第34师的电台信号，当王铮激动地将译电递到朱德手里的时候，身经百战的总司令阅后竟激动得黯然泪下："了不起呀！陈树湘他们还在！第34师还在！他们仍在战斗！"

中午，敌人的又一次进攻刚被打退，师政委程翠林却在电台旁被炮弹击中，壮烈牺牲。

陈树湘挥动马刀，向全师宣布了两个决定："同志们，我们已经胜利完成了上级交给我们的任务。但是眼前，我们要突围出去，突围出去就是胜利。现在我宣布：一是，将所有文件烧掉，寻找敌人薄弱环节突围，到湘南开展游击战争；二是，万一突围不成，誓为苏维埃共和国流尽最后一滴血！"

湘江上漂满了战友们的尸体，鲜血染红了江水。过了江，毛泽东挂着个棍子，见到董振堂就问："第34师渡河了没有？"董振堂说："第34师过不来了，他们大部分都牺牲了。"毛泽东听后难过得哭了，董振堂也伤心地掉下了眼泪。因为第34师大部分是福建、江西这两个地方的人，都是苏区的，是由毛泽东亲自组织的，叫少共国际师。周围站着第13师第37团卫生员黄太兴等一批刚从前线下来的红军战士，他们听说了这个痛心的消息以后，都失声痛哭起来。毛泽东和董振堂伫立江边黯然泪下的一幕，永远定格在了在场指战员的脑海里！当初离开苏区时，苏区的人民是送了一程又一程，千叮咛万嘱咐让红军早点儿回来，可现在，出门不到三个月，几千人说没就没了，那可是几千闽西子弟啊！

部队在向湘南突围中，陈树湘不幸腹部中弹，他强忍剧痛，指挥部队向道县驷马桥方向退却。突围至驷马桥坪塘村时，他带领几名战士占据有利地形阻击追敌，掩护其他官兵撤退，直至子弹耗尽，在昏迷中不幸被俘。就在敌人抬着他请功途中，陈树湘乘敌不备，从伤口处掏出肠子，用力绞断，英勇牺牲。陈树湘以亲手断肠的方式，践行了"为苏维埃新中国流尽最后一滴血"的誓言，年仅二十九岁。红34师最后仅剩下一百多人，在参谋长王光道和第101团团长严凤才的率领下，坚持山区游击战，终因寡不敌众，最后大部分牺牲。

灌江突围时负责掩护的第100团在打退敌人的多次冲锋后，全团剩下三十多人。团长韩伟下令分散突围，自己和五位同志负责掩护。最后子弹打光了，宁死不愿做俘虏的韩伟等人从灌阳和兴安交界处的一座山上滚了下去。

幸运的是，由于树木草丛的阻挡，韩伟和3营政委胡文轩、5连通讯员李金闪大难不死，被上山采药的土郎中救下，在老百姓家的红薯窖里藏了八天才死里逃生。数十年后，韩伟的后人找到了当年救起他父亲的土郎中后代，那口红薯窖还在。

韩伟永远无法忘记，敌人残忍地割下了陈树湘的头，挂在了他的家乡长沙小吴门的城墙上。而对面那间低矮的房子里，炕上躺着他患病的母亲，还有他年青的妻子。陈树湘牺牲后，红34师余部一百多人在参谋长王光道的率领下，转移至牛栏洞，整编为一个大队，由第101团团长负责指挥。后王光道因病情加重，就和另外几个伤员隐蔽下来养伤。其余部队转战于宁远、蓝山、江华、道县之间，开展打土豪、分谷物的活动，后来部队发展到三百余人，还组建了三支游击队。直到1935年冬季，这支部队再次被国民党军包围，战至弹尽粮绝，大部英勇牺牲。至此，这支英雄部队的故事悲壮结束。

后来，韩伟、李金闪、胡文轩三个站友挑起扁担扮成挑夫找红军，途中再次遇上民团。李金闪、胡文轩先后牺牲，只有韩伟一人侥幸逃脱，历尽艰辛才回到革命队伍。

新中国成立后，韩伟历任军事师范学校校长、华北军区副参谋长、北京军区副司令员兼参谋长等职，1955年被授予中将军衔。

湘江战役的悲壮历史让韩伟不堪回首。据韩伟的儿子韩京京回忆，他出生后，从未听父亲提起过湘江战役。1986年，我军编写《红军长征回忆史料》，有关同志找到韩伟，让他回忆红34师这段历史，韩京京才从父亲那里听到这场惊天动地的血战。

韩伟是湖北黄陂人。弥留之际，他却对儿子说："湘江战役，我带出来的闽西子弟都牺牲了，我对不住他们和他们的亲人……我活着不能和他们在一起，死了也要和他们在一起。这样我的心才能安宁。"2021年3月27日上午，在湖南道县陈树湘烈士纪念园，党史专家刘泾汇访问韩伟的儿子韩京京，韩京京又说起父亲这几句话。

1992年4月8日，韩伟在北京病逝，走完了他富有传奇的一生，享年八十六岁。亲属们遵照遗嘱，将他的骨灰安放在闽西革命烈士陵园，与红34师的战友们永远长眠在一起。

在湘江战役中，董振堂率部在蒋家岭、永安关、雷口关等地，浴血奋战数昼夜，终于击退了多于自己十几倍的追敌，掩护党中央和红军主力安全渡过湘江。红5军团由万余人锐减到不足五千人。

湘江一战，红军付出了惨重的代价，从江西出发时的八万六千人锐减至三万余人。红军过前三道封锁线损失两

万人，整个湘江战役损失三万余人。担任后卫的红 5 军团第
34 师和红 3 军团第 6 师第 18 团几乎全军尽没。红 8 军团第
21 师完全损失，第 23 师严重减员，整个军团不足二千人，
被迫撤销建制。

湘江战役之后，有一种说法，"十年不食湘江鱼，三年
不饮湘江水"，其悲壮惨烈程度可想而知。此战虽损失惨重，
但红军毕竟还是渡过了湘江，赢得了战略上的胜利。湘江一
战，血的事实宣告了"左"倾教条主义军事路线的彻底破产，
使广大红军指战员对王明路线的怀疑、不满以及积极要求改
变领导的呼声达到了板点。

湘江血战是决定红军生死存亡的一次战斗——更是决定
中国命运的一战。

四 渡 赤 水

红军突破湘江之后，进入兴安县西北部的瑶山地区，地
图上叫越城岭，土名叫老山界，为越城岭主峰。

此时，红 5 军团只有不足五千人的第 13 师 1 个师的兵力，
仍担任后卫，处境更加艰难。经过一个多月艰苦卓绝的斗争，
护卫着红军主力部队进入了贵州省内。

12 月 14 日，红 1 军团攻占黎平县城。12 月 18 日，中
共中央召开了长征以来的首次中共中央政治局会议，会议经
过反复讨论，肯定了毛泽东提出的"西进贵州"的正确主张，

放弃了博古、李德等人的"入黔东，与红2、6军团会合"的行动方针。中革军委为充实作战部队，撤销了红8军团建制，所部一千三百多人全部编入红5军团，第5军团参谋长刘伯承调回军委，同时任命第5军团第13师师长陈伯钧接任军团参谋长，曾日三任军团政治部主任。

经过整编，减少了指挥层次，充实了战斗力，广大干部战士增强了胜利的信心。

1935年1月上旬，军委纵队和红3军团从江界河渡口突破乌江天险。7日，攻占遵义城。9日，军委纵队进入遵义城。1月15日至17日，中共中央政治局扩大会议在遵义原黔军第2师柏辉章的公馆里召开，这就是著名的遵义会议。遵义会议批评了博古、李德在军事上指挥的错误，撤掉了博古、李德的最高军事指挥权；成立了毛泽东、周恩来、王稼祥三人小组，全权指挥军事，毛泽东又重新指挥红军作战。

遵义会议，结束了长达四年之久的王明"左"倾错误路线在中央的统治，在最危急关头，挽救了党，这是党的历史上一次生死攸关的转折点。

遵义会议后，蒋介石调集一百五十个团四十万兵力，分路向遵义地区合围，企图在乌江以北、长江以南的川黔地区围歼三万多人的红军。据此，中革军委决定，红军分三路向赤水河以东地区推进，到四川西北部创建根据地。

1935年1月19日，部队分为3路纵队——红1军团为右纵队、红3军团为左纵队、红5军团和红9军团为中央纵队，向土城、赤水方向前进。

　　横断山，路难行；敌重兵，压黔境。
　　战士双脚走天下，四渡赤水出奇兵，
　　乌江天险重飞渡，兵临贵阳逼昆明。
　　…………

　　这首家喻户晓的《四渡赤水出奇兵》正是红军此时此刻的真实写照。歌词作者肖华曾任红5军团第15师政委。作为红军长征总后卫的红5军团，面对的是国民党几十万尾追而来的正规军，承担着多么重要的责任，承受着多么大的压力，可想而知。

　　1月27日，军委纵队和红3、5、9军团全部抵达土城一带。此时，敌郭勋祺所部四个团尾追而至，向土城包抄过来，企图围歼红军。毛泽东决定歼灭尾追之敌，只因红1军团还在行军途中，不能参战，于是提议"只有叫老三和老五去打了，让老九当预备队吧"。随后，中革军委决定："我3、5军团及干部团应以干脆的手段，消灭进占之敌。"根据中革军委的命令，董振堂带领红5军团连夜开进青杠坡地域。

　　青杠坡峰峦起伏，山势陡峭，是土城通往东皇店（今习水县城）的交通要道，形同葫芦，是打伏击的好地方。董振堂把第37团放在左侧，第39团放在右侧，把一个营和重机枪连作为预备队，抢修工事，严阵以待。

1月28日拂晓，朱德总司令来到红5军团阵地作战前动员，他对战士们说，这次战斗，要狠狠地教训敌人，打掉敌人的锐气，让他们知道红军的厉害。还说，要发扬红5军团的优势，必要时把大刀拿出来，显显威风。

下午，敌人向红5军团阵地发起进攻。敌郭勋祺部二千多人，以小正面、多梯次的战术，在迫击炮、重机枪火力掩护下，每次攻打一个营，发起连续冲锋。为了节省子弹，战士们等敌人靠近了，把手榴弹和石头甩向敌人。刹那间，手榴弹在敌群里不断地爆炸，巨大的山石在敌群中横冲直撞，打得敌人屁滚尿流，丢下一二十具尸体败下阵地。敌人的第一次进攻被打下去后，不到半小时，又开始第二次、第三次猛攻。

董振堂率领红5军团英勇杀敌，连续打退敌人四次冲锋。敌人第五次冲锋一度突破阵地，又被红军用大刀、石头打了回去。之后敌人增加了兵力，更加疯狂，一团人蜂拥而来。此时红五军团子弹快打完了，手榴弹也不多了，石头也投光了，战士们就抄起大刀，跃出战壕，冲入敌阵，肉搏拼杀。鲜血染红了阵地，战士们浑身溅满血污，一个个成了"大红人"。红5军团连续击退敌人的六次冲锋，虽重创敌军，但自身也伤亡惨重，且阵地难守，岌岌可危。

在这紧要关头，毛泽东命令军委纵队干部团发起反冲锋，陈赓率部以泰山压顶之势击退敌人。红1军团赶来增援后，红军又连续发起反击，巩固了阵地。战至黄昏，敌我伤亡六千多人，仅红5军团就损失近千人。

青杠坡战役，由于红军对敌人兵力判断有误，原来以为敌人是四个团六七千人，其实是八个团一万多人，而且增援部队还在陆续开进，已经打成湘江战役之后的又一个异常惨烈的恶仗。此时，毛泽东主张打得赢就打，打不赢就走，立即做出决策，不再恋战，撤出战斗，西渡赤水河（即一渡赤水）。

1月29日，董振堂根据中革军委的命令，把没有炮弹的迫击炮和笨重的辎重沉入赤水河，率领红5军团从土城上游浮桥渡河，向古蔺方向前进。

2月9日，中央红军（1934年1月至1935年6月红一方面军改称中央红军）各部到达扎西地区。在扎西，各军团进行了精简整编，红5军团撤销师的建制，直辖三个团，即第37、38、39团，这样每个团达到一千五百人，增强了机动性和战斗力。

蒋介石发现红军在扎西集结后，调集部队围追堵截，企图在扎西地区聚歼红军。

为迅速摆脱敌人，中革军委决定，暂时放弃北渡长江计划，转兵东进，再入黔北。

2月21日，董振堂率领红5军团由太平渡东渡赤水河（即二渡赤水）。

2月23日，为了配合红1、3军团作战，董振堂根据中革军委指示，命令第37团采取运动防御战术，向良村、温水一带开进，牵制敌人主力，阻击追敌，并调去一部电台，与军团部保持联络，同时他带领红5军团大部在军委纵队之后，掩护前进。

第37团连夜抢修工事，构筑第一道防线，并派出侦察排前去侦察吸引敌人。次日拂晓，侦察排与敌人接火，他们且战且退，把装备精良的川军刘湘教导师三个旅共九个团吸引过来，牵住了牛鼻子。他们从早晨到黄昏，与敌激战整整一天，打退敌人多次冲锋。夜里，他们又转移到二十里之外构筑第二道防线，再与敌作战……就这样，在几十里的山地里，他们白天作战，夜晚转移，和刘湘的教导师边打边走，牵着敌人的鼻子一直往东北方向拉拽。第五天，第37团终于把敌人牵到了温水。这时敌人才发现几天来与他们作战的并不是红军主力，而仅仅是一个团的部队，顿时像一群野牛兽性大发，向第37团阵地发起猛烈攻击。

从24日到28日，第37团死死拖住了敌人。就在这五天之内，红军攻取了桐梓，占领了娄山关，再夺遵义城，歼灭和击溃敌人两个师又八个团，其中毙伤敌二千四百多人，俘敌三千多人，还缴获大批军用物资，取得了长征以来最大的一次胜利，鼓舞了全军士气，打击了国民党军的嚣张气焰。

3月1日，第37团圆满完成了牵制任务，按照董振堂的命令悄悄撤出阵地。他们一路绕道迂回，白天与敌抗击，夜间冒雨疾进，第三天终于摆脱了敌人，向遵义方向前进。就在开往遵义的路上，董振堂接到中革军委的电报，大意是：

你们正确执行了遵义会议确定的以运动战消灭敌人有生力量的战略战术，一个团吸引住敌人九个团，以极小的代价换得重大的胜利，有力地配合了主力红军重占桐梓、遵义的战略行动，军委特予表扬。

之后，董振堂率领红5军团时而向东，时而向西；时而走大路，时而走小路；时而走老路，时而走新路，掩护军委纵队于3月16日三渡赤水河，22日四渡赤水河，月底南渡乌江，把蒋介石的几十万军队甩在乌江以北，迅速向云南进军。

扼守石板河

四渡赤水河后，在毛泽东的指导下，趁云南空虚之际，红军部队突然甩掉了追敌，大踏步地向云南挺进。进入云南后，红军战士们的心情豁然开朗，云南风光旖旎，与"天无三日晴、地无三里平"的贵州截然不同。满山都是苍翠的树木，鲜艳的花儿。那盛开的茶花，一朵朵、一簇簇，有些人家的房前还搭了遮阴歇凉的藤萝架，形成绿荫走廊。

当战士们心旷神怡地欣赏沿途风景的时候，一场残酷的阻击战却向红5军团逼近了。

红5军团在出色完成牵制敌人的任务后，仍然担任后卫，迅速向金沙江方向前进。指战员情绪非常高，夜间行军，白天战斗，吃不上饭，睡不成觉，一夜走八九十里路，不喊苦不叫累。有的病号说："要是在几个月前，我早垮啦，那时心里不明白呀！跟着毛主席走没错，这点儿病算什么，一定能胜利走到新的根据地！"

快到曲靖的时候，总部传来了"围城三日，让兄弟部队迅速通过"的任务。

董振堂率红5军团主力部队把曲靖围了个严严实实，吓得敌人不敢出城。主力红军则浩浩荡荡从红5军团身边通过，向金沙江急进。红5军团胜利完成了阻击任务，但没想到这只是个小小的序幕。

他们继续掩护着部队朝金沙江前进。一天晚上，他们到达离金沙江边几十里的石板河。这时，又接到总部命令：就地选择阵地，构筑工事，准备阻击尾追之敌，掩护军委纵队渡过金沙江。

石板河是个小镇，位于禄劝县掌鸠河的上游，因此处河床都是平展的岩石，像一块块石板铺在河水下面而得名。它是昆明经皎平渡通向四川驿道的一个重镇，镇上只有十几户人家、两家客栈和几家铺子。此地房屋皆为石头垒墙、石板盖顶。镇子靠着一座大山，山势蜿蜒，峰峦重叠。南面一条小河，将驿道割断。河上无桥，只有石头台阶，人马车辆过河就得涉水。从石板河下山百里左右就是皎平渡。

总部首长路过石板河时，看到这里地势险要，又是追敌必经之地，当即决定红5军团在此布防，阻击追敌，掩护主力过江。

于是，董振堂指挥部队在石板河南面沿河构筑工事，抵挡追敌。他带领各团首长察看地形时，兴奋地说："虽然敌人可能调动主力来攻打我们，但是没有什么了不起，我们采取节节抗击的打法，这些大山会帮我们的忙。"

董振堂部署 39 团于砍邓村附近，作为第一梯队；37 团于石板河北面大山，为第二梯队。军团队部驻在石板河镇村，前沿指挥所设在小庙丫口。

部署停当，追敌已经临近，以猛烈的炮火向红 5 军团进攻。红 5 军团的两个团打退了敌人的多次进攻。因为红 5 军团是分散配置，每个山头只有一二十人，虽然坚守了三天三夜，但伤亡不大。

但是，总部传来的命令却是层层加码，起先是要求 5 军团坚守阵地三天三夜，第二天传来的命令翻了一番，要坚守六天六夜。第三天的命令，又要求坚守九天九夜。

他们利用有利地形顽强阻击，敌人每天最多只能前进七八里。打到第五天，敌人两个纵队云集山下，形势逼人。能不能坚持下去？

这时，中央派总政治部代主任李富春，从金沙江北边的会理返回石板河，来传达解释中央的命令。董振堂感到事态严重、任务严峻了。

在军团召开的团以上干部会上，李富春在介绍整个渡江形势时，指着墙上的地图说："原先，全军准备从三个渡口过金沙江。现在 3 军团虽然从洪门渡过了一个团，但因水流太急，架设的浮桥被江水冲垮，不能继续渡江。1 军团在龙街佯渡，吸引了不少敌人，只剩下皎平渡一个渡口可以通船了。因此，中央决定全军都要从皎平渡过江去，这就要延长时间啊！"

这下大家明白了为什么阻击任务一再加码。

李富春指着地图上的皎平渡继续说："这唯一的渡口情况怎么样呢？很糟糕！江面有六百多米宽，流速每秒四米，江心旋涡很多，渡江十分困难。最大的困难还是渡船太少，只有七条船，大的每回坐三十人，小的只能坐十一人。几万人马就是日夜抢渡，也得要几天时间。所以，中央要一再加重你们后卫的掩护任务。"

一切都明白了，一切都还刚刚开始。但是，与会者神情激动，士气高昂，没有一点儿畏难情绪。因为他们知道，这是遵义会议后的中央在指挥，是毛泽东主席在指挥，指战员们都相信中央和毛泽东的决策是正确的，总部的命令是英明的。

董振堂代表大家说："李主任，请放心！我们5军团坚决完成任务！"

李富春又强调说："你们的任务是光荣而艰巨的。九天九夜已经过了五天，还有四天四夜，不短的时间哩！你们只有两个团，而敌人的兵力多你们好几倍。但你们是全军有名的'铁屁股'，毛主席要我转告大家，中央是相信你们一定能够完成这个艰巨任务的！"

与会者更加激动自豪，纷纷摩拳擦掌，站起来要回到部队去带领战士们英勇战斗。董振堂用手示意大家坐下，他再次代表 5 军团向中央表态，并命令说："北面是金沙江，南面是敌人，我们是背水作战。任务完成得好坏，直接关系到全军的安危，大家回去告诉部队，一定要坚守阵地，人在阵地在，用鲜血和生命保证党中央和全军胜利渡江！"

当天傍晚，李富春在董振堂和李卓然的陪同下，视察了前沿阵地。战士们对李富春表态："人在阵地在，坚决完成任务！""请告诉党中央和毛主席，就是 5 军团打光了，也要掩护主力安全过江，不要说三天三夜，就是十天十夜也守得住！""子弹打光了，我们就拼刺刀；刺刀拼弯了，就砸石头；石头砸光了，就用牙咬，保证坚守阵地！"

时任红 5 军团保卫局局长的欧阳毅（新中国成立后任中国人民解放军公安部政治部主任、中国人民解放军炮兵副政治委员、1955 年被授予中将军衔）亲身经历了这场战斗，数十年后，他多次在回忆文章中感叹道："5 军团是能征惯战的英雄部队，但这样高昂的战斗情绪，我到 5 军团以来，还是第一次看到。"

"董振堂军团长非常有战斗经验，能够走一步看两步。当他率领战士们阻击追敌的时候，就做好了及时甩脱追敌的安排，把全部伤员送到了后方，这样可以随时撤退。"

"我们以一当十，以十当百，胜利完成了掩护任务，当我们战斗到第八天下午撤出阵地后，毫无负担地一口气跑了五十里赶到江边，作为最后一支队伍渡过了金沙江，把几只小船烧了。当敌人赶到江边，只好'望江兴叹'。"

刘伯承在渡口表扬红5军团："5军团的同志们辛苦了，你们打得很好，掩护全军渡过了金沙江，取得了很大的胜利！"

敌人一气追到金沙江边，只捡到红军丢弃的几只破草鞋，敌人的尾追又一次宣告兵败。

石板河阻击战是红军长征途中一次著名的阻击战。在极端困难的情况下，红5军团扼守阵地八昼夜，硬是将几万追敌挡在了石板河以外，为主力红军安全渡过天险金沙江赢得了时间。

十过雪山

1935年5月下旬，董振堂率领红5军团掩护中央红军通过彝族区，强渡大渡河。关于十七勇士强渡大渡河的故事，在中国革命历史上人人皆知。他们与红5军团一个是前锋，一个是断后。6月初中央红军到达四川西部的宝兴县，之后又突破敌人芦山、宝兴防线，准备翻越第一座大雪山——夹金山。

为了掩护中央红军和军委纵队翻越夹金山，董振堂按照中革军委的部署，命令第37团先期北进，到宝兴县以北五十里的盐井坪布防，阻击敌邓锡侯部的追赶，他带领红5军团大部在宝兴一带补充休整，为过雪山加紧准备。

夹金山，位于宝兴与懋功（今小金）以南，海拔四千多米，山上终年积雪，空气稀薄，没有道路，没有人烟，气候变幻无常。当地有民谣曰："夹金山，夹金山，鸟儿飞不过，人也不可攀。要想越过夹金山，除非神仙到人间。"故有"神山"之称。时值6月盛夏，身着单衣的红军指战员，要翻过大雪山，真是困难重重。

为了翻过夹金山，董振堂要求干部战士每人都要带足干粮、多穿衣服、带根木棍子；要取得当地群众的支持，购买皮背心、毡靴、毛毯、雨衣、油布、白酒、辣椒等御寒保暖物品。他要求部队互相帮助、互相关心，照顾好年老体弱和伤病战士，继续发扬不畏艰险、顽强拼搏的战斗精神，战胜气候恶劣的大雪山。

6月上旬，红军向夹金山方向前进，董振堂率领红5军团主力大部，跟在军委纵队后面，进到夹金山脚下的大跷碛地区。

红5军团第37团根据董振堂命令，提前到达盐井坪。两天来，他们护卫着红军各部人马从这里经过。第三天红军各部全部过去后，敌邓锡侯就尾随而来，遭到第37团的沉重打击，吓得不敢贸然前进，龟缩在一里之外构筑工事，与37团对峙。白天敌我互相火力攻击，夜晚各自修筑工事。

6月12日，红军从大跷碛地区出发，向夹金山挺进。这天早晨，红5军团指战员每人都喝了一些辣椒汤，董振堂还特意叮嘱各部，让战士饱饱吃上一顿，有水壶的要灌满水，检查一下每个战士是不是都有棍子，是不是都带上防寒保暖的东西。吃完早饭，他率军团部走在队伍的前面，紧紧跟着军委纵队出发。越往前走地势越高，气候越冷。

董振堂上身穿了一件皮背心，脚下穿一双破毡靴，手里拄着一根棍子，一步步向山上攀爬。山上没有树，也没有草，到处都是耸立的雪岩、陡峭的雪壁、深邃的雪沟，周围是一片冰雪世界。本来山上没有路，好在前面部队已经踩踏出一条雪路，董振堂沿着弯弯曲曲的雪路向上攀登，不时地向后面部队传达口令，叫战士们提高警惕，顺着前面的路走，千万不要抄近路，不然就会掉到沟里去。

越往上爬，气温越低。寒风吹在身上，冷飕飕的；雪粒打在脸上，疼乎乎的。战士们身穿单衣，就和没穿一样，有的战士把被单、毯子、毛毡裹在身上，还冻得浑身哆嗦，牙齿打战。有的战士还穿着草鞋，那草鞋冻成一个冰坨，硬邦邦的，把双脚磨得生疼，冰碴儿划破皮肉，鲜血直流。

越往上走，空气越稀薄，浑身冰冷，胸口像压着一块大石头喘不过气来；两条腿就像灌上了铅，抬不起脚，迈不开步，每攀登一步都要花费很大的力气，连走几步就像拉风箱一样"呼哧呼哧"地喘气。在董振堂身后，几千人的队伍就像一条蟒蛇，在雪白耀眼的山上弯弯曲曲地向上蠕动。他传出口令，叫战士们不要说话，不要停留，不要坐下来休息；叫宣传队不要再搞宣传鼓动，一定要保持呼吸均衡，一步步坚持向上爬。

快接近山顶时，山势更加险峻，雪路更加光滑，寒风更加刺骨。有的战士被风一刮，脚下一滑，一不小心，从坡上滚下去，陷进路边的雪窝里。每当这时，战士们赶紧用长枪、木棍、绑腿带把他拉拽上来，然后搀扶着继续前行。

　　雪路两边，不断有一个个堆起的雪堆，雪堆里埋着前面部队倒下去的战友。董振堂心情十分沉重，他叫部队尽量照顾好伤员、病员和年老体弱的同志，尽量派人搀扶着，实在不行就多派几个年轻体壮的战士，轮换抬着他们。

　　红5军团爬过雪山的情形，董振堂的警卫员林炳才在回忆文章中有详细描写——

　　开始爬山的时候，大家感觉还好，随着高度的增加，就感到有些难受了。当爬到三分之二高处时，雪岩陡峭，令人望而生畏。路越来越难走，稍不小心踩错一脚，就有滑进悬崖深谷丧生的危险。战士们只好一个接一个，前面的用刺刀、木棍探路，后面的人踩着前面的脚印，一步一步地前进。

　　山上风很大，战士们身上穿的都是很单薄的军衣，在寒风袭击下，根本不顶用。加上高山反应，头昏，身软无力，走一步喘一口气，每前进一步都很吃力。林炳才由于吃了苞米，上山前就拉了几天肚子，一爬雪山，气温更低，加上爬山很费劲，爬到三千米高时，更是精疲力竭，全身出虚汗。

　　快要到山顶时，突然下起了冰雹，红枣那么大的雹子砸在红军战士身上和头上，躲又没处躲，藏又没处藏，挡又没什么东西挡，只能用手遮着脑袋遮着脸，顶着冰雹前进。这个时候，林炳才实在走不动了，刚想停下来歇一歇，就见董振堂牵着马走过来了，他看见林炳才站在那里不动，就喊着说："小林，不能坐下，坐下就会冻住起不来的。"林炳才听了董振堂的话，什么也没说，也没动。

"你怎么不走？"董振堂又问林炳才。

林炳才低着头，小声说："病了。"董振堂细细一看，林炳才脸色苍白，喘着粗气，行动困难，就关切地问道："能不能爬过山去？"林炳才坚定地说："一定要坚持爬过去！"董振堂听后高兴地说："好样的，过来！"便拉着林炳才走到马的后面说："前面是陡坡，我在前面拉马上山，你在后面拉着尾巴，跟着马一起上山。"董振堂边讲边比画着，教林炳才如何用手拉马尾巴，身体才能稳得住。

开始，由于林炳才没有抓稳马尾巴，摔了一跤，董振堂立即蹲下来，把林炳才扶起来，关切地问："摔伤了没有？"林炳才说："还好，没摔伤。"董振堂一边拍打着林炳才身上的冰雪，一边拉着林炳才的手说："把马尾巴卷成一圈，套在手上，手紧紧抓住结头，就可以抓牢。"林炳才按照董振堂教的办法去做，真的见效，便拉着马尾巴一鼓作气上到山顶。到了顶峰，风更大，董振堂叫林炳才赶快跑过去，他自己却站在了山口上，给部队作宣传鼓动："同志们，赶快跑过去，爬过去，就是胜利。"铿锵有力的几句话，鼓舞着每个战士，大家顶着风雪，拼命地往前跑。林炳才用尽全身力气，艰难地跑了几百米，过了山脊，下山就没那么吃力了。

红5军团爬雪山的这一天，刚过中午，先是大雪，继而是霏霏细雨，转眼间又下起了鹅毛大雪。由于指战员们大多都穿着单衣草鞋，夜晚天气奇冷，山顶不能宿营，必须当天下山，为了争取时间，战士们学着前面战士的经验从山顶往下滑，但有些战士滑到谷底，再也见不着了。翻越雪山这一天太艰苦，可以说是长征以来最吃力的一天。

第二天，又出发北上。这一天阴雨连绵，道路泥泞，通往懋功的高山隘口终年积雪，这时已有些融化。董振堂带着部队沿着狭窄的河谷前进。

中央红军翻过夹金山，到达懋功地区，与红四方面军先头部队胜利会师。董振堂给尚在夹金山南面担任后卫阻击的第37团发去急电，命令他们撤出盐井坪阻击阵地，迅速北进，翻越夹金山。同时还派出红5军团1部，爬上另一座雪山——巴郎山，在垭口接替红四方面军先头部队防务，进行警戒。

第37团是中央红军最后一个翻越夹金山的部队。那天傍晚，他们刚刚翻过夹金山到山下宿营地，突然又接到董振堂的命令，让他们迅速返回夹金山南，再到盐井坪阵地，继续阻击尾随之敌。原来，董振堂接到了中革军委的指示，要红5军团1部在夹金山南布防，阻击追敌，掩护红一、四方面军在懋功会师休整，保卫党中央，所以他只好再命令第37团重返夹金山南。

第二天拂晓，在"再过夹金山，守住盐井坪"的口号下，第37团调头回返，于当天傍晚到达盐井坪。他们昨天撤离阵地后，敌人担心红军有埋伏，一直没敢占领阵地，阵地还跟他们走时一样空无一人。

在盐井坪，第 37 团严阵以待，敌人不敢进攻，白天仅有小摩擦，夜晚停火休息，敌我对峙七天七夜。

在这七天里，中央红军、四方面军先头部队在夹金山北麓胜利会师，他们汇聚在一起，欢欣鼓舞，笑言相庆，互相慰问，互赠衣物；在这七天里，红一方面军与红四方面军在达维举行了胜利会师庆祝大会；在这七天里，中共中央政治局在懋功以北的两河口召开扩大会议，决定继续北上，进入甘南，创建川陕甘革命根据地。

第 37 团完成了阻击掩护任务，接到董振堂的电令，又第三次翻越夹金山。

这次过雪山，天气突变。顷刻间，乌云蔽日，天昏地暗，随即狂风呼啸，暴雪漫天。那风，裹着豆一般大小的雪粒迎面扑来，刮飞了斗笠，撕扯着单衣，推得战士不但不能前行反而趔趔趄趄、步步后退，有的一不小心被风推倒，滚进深深的雪沟。战士们五六个人凑到一起，拉着手，低着头，弯着腰，你拉我拽他推，一步步艰难地向上挪动。巨大的旋风快速旋转而来，五六个人便赶紧蹲在地上，紧紧抱成一团，就像一个大蘑菇，抵抗旋风的席卷肆虐。

狂风暴雪渐渐停下来，眼看就快到山顶了，可是第 1 连的炊事班班长老刘，由于体弱力衰、严重缺氧，他轻轻放下那副跟随他多年的油盐担子，坐在雪地里，再也没有站起来。

他留下最后一次党费——两张苏区钞票和一块银圆，长眠在大雪山上。

6月底，董振堂率领红5军团从懋功地区出发北上，翻越第二座雪山——梦笔山，到达卓克基地区；不久从卓克基出发北上，翻越第三座雪山——长板山，到达、黑水地区。之后，他们又翻越第四座雪山——仓德山、第五座雪山——打鼓山，到达毛儿盖地区。

由于张国焘极力反对党中央、中革军委制定的北上路线，从9月初起，张国焘强令左路军调头南下，"创建川康边根据地"，于是董振堂率领部队又重新翻越一座座雪山，南下丹巴，在那里警戒遏制敌军长达八个月之久。其间，他们曾爬上丹巴东南一百三十多里的雪山——大炮山，与敌李抱冰部多次作战，坚守大炮山。1936年7月，董振堂奉命第二次北上时，又翻越了大雪山——长板山。

红5军团的处境其艰难是可想而知的。在掩护部队过老山界时，军团部上午还在千家寺指挥战斗，下午千家寺便被追上来的敌人占据了。尽管这样，董振堂仍充满着胜利的信心，鼓舞干部战士说："打后卫是党交给咱们的光荣任务。我们一定保持和发扬红5军团的战斗作风，不论遇到什么艰难险阻，一定要战胜它！"董振堂的话像重锤敲击着战鼓，鼓舞着全军的士气。

长征途中，董振堂率领红5军团（后改为红5军，下文有述）翻越十座雪山！

三 过 草 地

中央红军、第四方面军会师后，中共中央政治局于1935年6月26日，召开了著名的两河口会议，会议确定了北上建立以甘南为中心的川陕苏区根据地的战略总方针。张国焘在这次会议上表面虽举手赞成，但内心却盘算着他的南下主张。6月29日，他即离开两河口，回到第四方面军总部驻地。随即开始在第四方面军中散布谣言，企图左右中央，并开始了紧锣密鼓的部署，准备攫取红军的指挥大权。

7月18日，中共中央决定，朱德仍为红军总司令，张国焘为总政委。

7月19日，中革军委制订了松潘战役第二步计划，准备夺取松潘地区。7月21日，中革军委决定组织前敌总指挥部，以原红四方面军总指挥徐向前兼前敌总指挥，第四方面军政治委员陈昌浩兼前指政治委员，叶剑英任参谋长。同时决定取消中央红军各军团番号，统改为军，原红四方面军各军的番号不变。红第1军团改为第1军，军长林彪，政治委员聂荣臻，参谋长左权；第3军团改为第3军，军长彭德怀，政治委员杨尚昆，参谋长萧劲光；第5军团改为第5军，军长董振堂，政治委员（代）曾日三，参谋长（代）曹里怀；第9军团改为第32军，军长罗炳辉，政治委员何长工，参谋长郭天民；第四方面军第4军：军长许世友，政治委员王建安，参谋长张宗逊；第9军：军长孙玉清，政治委员陈海松，参谋长陈伯钧；第30军：军长程世才，政治委员李先念，参谋长李天佑（身体不好，未到职）；第31军：军长余天云，政治委员詹才芳，参谋长彭绍辉；第33军：军长罗南辉，政治委员张广才，参谋长李荣。

不久，中共中央、中革军委决定放弃松潘战役计划，改经草地北上。8月3日，红军总部拟订了《夏洮战役计划》，将红军分为左右两路：在卓克基以南的第5、9、31、32、33军为左路，由红军总司令朱德、总政委张国焘率领，经阿坝北进；在毛儿盖地区的第1、3、4、30军为右路，由前敌总指挥徐向前、政治委员陈昌浩率领，经班佑北上。党中央、中革军委随右路军北上。

8月15日，张国焘、朱德、刘伯承等率左路军开始向茫茫草地挺进。右路军在前敌总指挥部和中央机关的率领下也开始行动。经过千难万险，右路军终于越过草地，于26日到达班佑地区。31日又拿下了包座。至此，红军北上的门户已经打开，只待张国焘率左路军尽快赶上来。

在党中央的一再催促下，张国焘被迫率左路军一部出发北上。董振堂率第5军由中央红军的后卫变成左路军的前锋，率先从卓克基出发北上。部队翻越打鼓山、拖罗岗两座雪山，穿过马塘，沿黑水河畔向北开进。

长征以来，红5军一直是后卫，阻击尾追之敌。至于前进的道路，先头部队已搞好路标，跟着走就行了。可是这次部队第一次过草地，情况却起了变化。

草地，位于四川省西北部松潘县境内，所以又称松潘草地。它灰蒙蒙，白茫茫，一望无际。噶曲河由南向北，迂回摆荡，支流横生。由于水流不畅，这里湖洼棋布，沼泽成片。草地里，气候恶劣，变化无常。此时正是雨季，红军要穿过既无道路又无人烟的草地，真是危机四伏，险象环生。草地上每年5月至9月是雨最多的时候，每逢此时，本已滞水泥泞的沼泽，更成漫漫泽国。眼下，草地上的情景真使人触目惊心！举目四望，尽是茫茫无边的草原，草丛上笼罩着阴森迷蒙的浓雾，辨不清东南西北。草底下沟壑交错，积水淤塞，水呈淤黑色，散发着腐臭味。在这广阔的泽国里，简直找不到道路。人们都说，过草地有三怕，一怕没踩着草甸陷入泥沼，二怕下雨，三怕过河。脚下是草芥和腐草结成的"泥潭"，踩到上面，软绵绵的，一不小心，用力过猛就会陷下去拔不出腿，前面的部队走过后，水更浑，泥更烂，很多草兜被踩沉了，辨不清已走过的道路。沿着向导标出的道路前进，不少战士照样陷进泥坑，不但不能自拔，而且别人也无法援救。本来想把掉进泥坑的同志救出来，结果连自己也陪着在泥坑里挣扎，有的三蹭两蹭，眼巴巴地望着烂泥没顶。

董振堂望着与自己并肩作战的战友被烂泥吞噬，心中悲痛万分。在这种情况下，他带着参谋、警卫员走在前头探路。他手拿一根长木棍，拉着马，一步一探地往前走。他告诉战士们：人和马必须踏着草甸走。这样，他们就从一个草甸跨到另一个草甸跳跃前进。他通过亲自探路，发现原来草地上有些水沟、水潭被草覆盖，看起来很窄，似乎一大步就可以跨过去，其实很宽，水也很深，一掉进去就会被淹没。只有用棍子来试探道路的虚实和水的深浅才可避免危险，又可减少疲劳。

越走进草地深处，困难越是严重，天气变幻莫测，时晴时雨，忽而艳阳高照，忽而冰雹骤降，特别是到了深夜，寒风肆虐，更是冷不可挡。战士们大多是穿着夏衣进来的，只好找一块稍高的地方，挤在一起，背靠背取暖。最糟糕的是风雨一来，衣服湿透，地面积水盈尺，战士们只好站在水中、风雨中等候天亮。

那天，部队已经断炊两天了，草地上死寂得连只飞鸟也不见，一阵冷飕飕的风过后，又下起了蒙蒙细雨。雨水淋透了单薄的衣服，也使草地更加松软，更加泥泞，走起路来格外费劲儿，稍有不慎，就有陷入泥潭的危险。

董振堂拄着一根棍子，支撑着在滑溜溜的草地上行进。忽然听到一阵骚动，他转身一看，原来是一个身体十分虚弱的战士掉进一摊烂泥里直往下陷。另一个战士急忙去拉，也被拖着往下滑，周围的战士一时乱作一团，慌了手脚。

董振堂握紧手里的棍子，三步并作两步赶到跟前，先叫大家不要慌，紧接着解下了自己的裹腿布，又让周围的战士解下几条裹腿布接起来，扔过去，拔河似的慢慢地、一点儿一点儿地绷着劲儿往上拉，这样，才将那个战士从泥潭中解救出来。这个经验，很快在全军推广。大家都拄着棍子，沿着军长走过的足迹一步一步地前进，果然行军速度加快了，无谓的牺牲也减少了。

这天，烈日当空，战士们头顶太阳，脚踩水草，深一脚浅一脚地走着。董振堂拄着棍子，双脚在稀泥烂浆里挪动，前一脚水刚没踝骨，后一脚踩下去却是浑水过膝。他说什么也不让警卫员搀扶，非要拄着那根棍子一步步自己走出草地。在腐臭的泥水里行走，时间一长，脚泡胀了，泡得皮肉惨白惨白的，这也倒没有多少痛苦。最叫人难以忍受的，却是脚掌脚趾一阵阵发痒，痒得难耐，痒得钻心，越是痒，就越是想挠一挠，可是又不能去挠，因为向导说，这水有毒，挠破了就会红肿起泡化脓溃烂！

隔天，部队又经历了一场冰雹、一场暴雨，傍晚来到噶曲河西岸一带。董振堂陪同总参谋长刘伯承来到噶曲河边。

噶曲河，宽二百多米，深达三米，河水浑浊，流急浪涌，而且由于刚下过暴雨，此时还在涨水。

董振堂和刘伯承商量后，命令部队在噶曲河边选择高地宿营，并让侦察连彻夜轮班监视水位涨落，如果水位下降，马上报告。次日拂晓，噶曲河水位开始下降。

早晨，天边乌云翻卷，又酝酿着一场风雨。上午，趁着大雨未到，董振堂命令部队徒涉过河。可是就在这时，他接到张国焘的命令，命令部队停止前进，返回阿坝待命。本来再有三四天、最多四五天就要走出草地了，走出草地，就能

138

和毛泽东率领的右路军会合一块儿北上了，现在为什么又要返回阿坝？

原来，张国焘极力反对党中央、中革军委的北上路线，执意带领左路军南下"创建川康边根据地"。此时，跟在红5军之后，随红军总部行进的张国焘，已经到达噶曲河附近的甲本塘，他以"噶曲河涨水，不能徒涉和架桥，茫茫草地，缺粮断炊，不能坐待自毙"为由，强令红5军退出草地，返回阿坝。

命令，这是上级的命令，容不得丝毫动摇！这是红军总政委的命令，必须坚决执行！

无奈，董振堂转身、手拄木棍、脚踩草泥，率领红5军顺着来路的足迹，又第二次草地行军，经受了更多的困苦。

10月5日，张国焘在卓木碉分裂党、分裂红军，公然宣布撤销毛泽东、周恩来等领导人的职务，并开除其党籍，下令通缉。他不顾朱德、刘伯承的反对，成立了新的"党中央"，自任主席，带领红四方面军和原属红一方面军的红5军（红5军团）、红32军（红9军团），继续南下。

对于张国焘的反党行为和错误路线，董振堂非常气愤，却又百般无奈。他紧紧站在朱德、刘伯承一边，教育红5军指战员保持冷静，阻止了同志们的过激行动，维护了红军的团结。

在川康地区，红军损失严重，张国焘不得不接受共产国际和党中央的意见，在与红2、6军团会师后，于1936年7

月率部第二次北上。

7月10日，董振堂奉命率领红5军和红31军第91师从绥靖、崇化地区出发，经卓克基、马塘、毛儿盖，向草地前进。途中部队筹集不到粮食，每天靠挖野菜煮着吃、寻野果生着吃、采草籽炒着吃，或者做成野菜、草籽、青稞窝窝捧着吃。指战员们忍饥挨饿，还要不断与敌邓锡侯、李抱冰部遭遇作战。

董振堂率领红5军绕开仓德山和打鼓山两座雪山，又一次翻越长板山雪山，第三次进入草地，沿着去年右路军的路线行进。

这次草地行军，遇到最大的困难是严重缺粮，因为在进入草地之前，当地百姓极度贫穷，部队找不到粮食可买。一路上，红5军指战员忍受着饥饿的折磨，冒着死亡的危险，一步步向草地深处走去。

走过松潘草地需要五至七天的行程。前面的部队还有野菜、树皮充饥，后面的部队连野菜、树皮都吃不上，更苦。要走出草地，就必须以加倍的代价来与自然环境、与饥饿做斗争。有许多战士没有在反"围剿"中牺牲，却倒在了这一片荒无人烟的草地上。

部队进入草地三天后，野菜非常稀少，就是挖来一些，也只能做一锅汤，要是想"改善"一下，就拿出一块盐巴，在锅里水面上划上两三圈，又赶紧揣进包里。这微微的咸味，对于多日没有吃盐的战士来说，确是一顿草地美餐。后来野菜实在难找了，有的战士就把斗笠的顶皮、裹脚的牛皮、束腰的皮带，先割成块割成条在火上烤，烤得发热、冒油、变软，然后放在盆里锅里煮着吃，董振堂用来遮风挡雨的牛皮斗篷就是这样被吃掉的！最令人难以置信的是，有的战士从去年部队留下的粪便里拣出没有消化的青稞粒……在最后的一两天，部队实在是什么可吃的东西也没有了，董振堂先是宰杀了自己的战马，之后又想了一个办法，杀掉牦牛！

进入草地之前，红5军买了几十头牦牛，用来驮运弹药、帐篷和各种器材。眼看就要走出草地了，出了草地，牦牛还可以再买，人怎么也不能饿死！于是，他让每个团杀掉两三头牦牛，帐篷、器材能丢的丢掉，实在不能丢掉的就让留下的牦牛加载负重驮运。

这个办法果然救急。每个营杀了一头牦牛，把牛肉牛血牛骨牛皮、牛头牛尾牛腿牛蹄分到各连，病弱伤员多的连队就多分一些。战士们吃了牛肉，啃了牛骨，喝了牛汤，补充了体力，振奋了精神，向草地尽头快步行进。

7月底，红5军经过七天艰苦卓绝的行军，终于走出了草地，有许多战士病死、饿死、累死在草地之中。

华家岭阻击战

"华家岭阻击战是红军长征的最后一战，也是异常激烈的一战。"刘泾汇对这段历史太熟悉了，他对一些数字张口就来。

刘泾汇是专门研究共产党军史的硕士，作为董振堂的新河县老乡，又作为军人，刘泾汇对董振堂的事迹关注多年，收集了大量的历史资料。提起华家岭阻击战，刘泾汇感叹道："华家岭阻击战之惨烈不亚于任何一场战役，此战，红5军副军长罗南辉牺牲，使我军失去一位重要将领。"

接着，刘泾汇给我们讲述了这次战役的详细过程——

1936年10月10日，红四方面军总指挥部与红一方面军终于在会宁县城胜利会师。红一、四方面军在会宁庆祝胜利会师的时候，红二方面军也踏上了会师征程。12日，红二方面军向会宁方向急进。15日至23日，陆续与红一、四方面军会合。

不甘失败的蒋介石紧急调集毛炳文、王均、关麟征、胡宗南、丁德隆、于学忠、王以哲等部二十个师约二十五万人，企图通过组织"通渭会战"将红军主力压制于黄河东。中共中央指示红二、四方面军挥师北上，向通渭、会宁集结，国民党第3军王均部、第37军毛炳文部也紧追过来。

1936年10月20日，红四方面军总部命令担负后卫任务的红5军在华家岭地区设伏阻击敌人。

华家岭地处甘肃省通渭县和会宁县之间，当时是西兰（西安至兰州）公路的必经之地，敌人企图在这一带控制红军北上、西进，而红军要粉碎其阴谋就必须御敌于西兰公路以南。

董振堂接到徐向前的命令，立即布置防御工事，由南向北布置了两道防线，准备抗击国民党第3军王均部、第37军毛炳文部的攻击。董振堂会同副军长罗南辉、参谋长李屏仁决定：第一道防线，由副军长罗南辉指挥第13师第37团和第39团，在马家营子的华家岭山腰对面的黑燕山设伏；第二道防线，由董振堂率领第43、45团在马家营子以北的华家岭山顶布防。马家营子地处华家岭和黑燕山的山谷之中，是通向会宁的咽喉要道，西兰公路由此蜿蜒而上，翻过华家岭便进入会宁境内，这一带地势空旷，利于敌人飞机、大炮发挥火力而不利于红军的阻击。

10月21日清晨，王均的第3军先头部队沿西兰公路肆无忌惮地开过来，不知不觉进入董振堂早已设下的口袋。罗南辉一声令下，两侧山腰上的轻、重机枪、步枪、手榴弹一起扫向敌人，敌先头部队顿时乱成一片。

一场空前激烈的阻击战在马家营子到华家岭二十多公里的山梁和沟壑间打响！

37团团长李屏仁、攻委谢良率部向残敌扑去。

短短半个小时，一场伏击战就干净利落地结束了。此战，5军全歼敌先头部队数百人，活捉三十多人。打扫完战场，战士们又分散在公路两侧阵地上，等候敌人的下一轮攻击。

敌人原以为红军经过长途跋涉不堪一击，没想到战斗力如此之强，受挫后敌人警觉了。没多久，敌人利用飞机在马家营子上空疯狂投弹轰炸，霎时，马家营子淹没在一片火海之中。轰炸过后，敌一个整团的步兵又沿着公路蜂拥而上，战士们依托公路两侧光山上的阵地，给敌又一次沉重打击，敌人再次退却。一会儿，敌机再一次飞临阵地上空，对两侧的阵地又是一阵狂轰滥炸，由于这一带全是光秃秃的小山，无法隐蔽，因此37团在敌机的轰炸下，伤亡较大。

中午，37团将敌人一步步引至第二道防线，攻上来的敌人先是用重炮猛轰华家岭后山45团的主阵地，见没什么动静，于是一个整营的步兵号叫着扑了上来。团长叶崇本并不急于开火，一直把敌人放到离山头只有五十米左右位置，然后一个猛烈的突击，打得敌人逃回山脚下。恼羞成怒的敌人再次调上飞机，对我军防守的主阵地猛烈轰炸。霎时，山梁上火光冲天，硝烟弥漫。不久，敌第二轮攻击再次袭来，一个营的兵力从正面进攻，另一个营偷偷从侧面迂回，这些被激战中的叶崇本及时发现，他立即同政委张力雄率特务连和一营向偷袭上来的敌人扑去。敌我双方在后山腰上展开了一场你死我活的遭遇战。叶崇本手执大刀，率领战士们与敌人展开肉搏。张力雄率几名战士用轻机枪对准敌后续部队一顿猛扫。不多久，敌人坚持不住了，纷纷向山下溃逃而去。

当天晚上，罗南辉率领部队撤出阵地，沿公路向北盘旋而上，来到华家岭第二道防线，与董振堂及其所率部队会合。

10月22日上午，敌人做出调整，由王均的第3军继续从前面进攻，而以毛炳文部从东面迂回，形成两面夹击。

这一天的阻击战打得尤为艰苦，第37团参谋长王力牺牲，第43团在敌两面夹击下，阵地几度易手。关键时刻，董振堂亲率第 39 团增援上来，才稳住阵脚。

下午，罗南辉在指挥作战时，一颗重磅炮弹落在他身旁，罗南辉胸部和头部被弹片击中受伤。

董振堂立刻赶到前沿阵地。此刻，形势万分危急，王均部和毛炳文部从东、南两面向华家岭村推进，已经占领了村前的小旅馆。王均部攻占了右翼山头，红 5 军处在三面受敌的危境。董振堂命令 37 团增援 45 团，夺回丢掉的阵地。

在董振堂的指挥下，红 5 军又经过两次战斗，终于打退了敌人的进攻。但不久，敌人的飞机又来了……

这两天，红 5 军多次与敌激战，损失很大，枪支严重不足，四千多人的部队只剩下一千六百多支枪。董振堂要求各部尽量发挥近战优势，有效杀伤敌人，依靠缴获补充武器弹药。

就在董振堂指挥部队在前沿阵地作战的时候，敌人一颗炮弹落在山上的作战指挥部，正打在身负重伤的罗南辉身上，这位年仅二十八岁的红军高级指挥官壮烈牺牲。

第三天傍晚，董振堂率领红 5 军完成了阻击任务。之后，董振堂向部队下达作战命令，要求各部队发起反冲锋，然后交替掩护，从毛牛川向会宁方向撤退。

长征结束了，作为后卫部队，董振堂率领红 5 军在华家岭打了长征的最后一仗。红军会师了，董振堂指挥的华家岭战斗，却又是会师后的第一仗。

华家岭阻击战，董振堂以四个团阻击敌人九个团，兵力悬殊，歼敌四千多人，而红 5 军也伤亡二千余人，仅大墩梁一天就牺牲了 887 人。这次战斗，虽然 5 军伤亡很大，但也给敌人以重创，粉碎了敌人将红军消灭在西兰公路以南的企图，保卫了红军胜利会师，为红军西渡黄河、东进陕北赢得了时间，打开了通路。

　　在中央红军主力长征中，董振堂率领的红 5 军团多次完成阻击国民党军的任务，为保障党中央和中央红军胜利北上立下赫赫战功，军中盛赞，因此所部荣膺"守无不固的铁流后卫"的光荣称号。

八、荣辱得失信念坚

　　董振堂的革命思想形成，并不是偶然的，而是经过了一个自我提升的过程。因为他一直在寻找正确的人生道路，处处学习，思考人生和社会，逐渐成为一名"坚决革命的同志"。

　　宁都暴动成功后，中革军委要红5军团到龙岗圩进行整编，红5军团开到龙岗，从此，董振堂开始了完全崭新的生活。刚到红军部队里，有一些军官，特别是事前不知道要起义当红军的军官，都闷闷不乐，情绪消沉。由于我党实行自愿的原则，有一批回了家。但是，随着政治工作的加强，思想教育的深入，一些思想落后甚至反动的人，也有向另一方面转化的。其中14军有个连，原属26路军特务营，在少数反动分子的策划下，武装哗变，妄图重投白军，但没有跑出革命根据地就被追回，为首的被处决，这个连队也被编散了。

　　当时比较普遍的情况是，在连队建立士兵委员会，提出反对军阀作风的口号后，有些干部出现情绪波动，怕革命的烈火烧到自己头上，提出请假离队要求。因此，董振堂决定加强思想政治教育，多做开导、说服工作。

对红5军团改造的政策，是愿走的走，愿留的留下，有的送红军学校学习。当时，由于受"左"倾思想的影响，只要兵不要官，许多起义过来的营、连以上干部都被打发回家。对此，人们议论纷纷。董振堂对这种做法自然也不理解，但他还是极力克制自己的感情，坚决执行上级命令。

有一件事，高志忠印象比较深刻，他在回忆文章中写道：

一天，董振堂开会回来，吃过晚饭后，叫高志忠把黄先之叫来。高志忠说："这么晚了，军长休息吧。"

"不行！咱们军要动员一些人回老家，得找他们谈谈。"

"都有谁？"高志忠对这件事感到很突然，便脱口问了一句。

他说："叫谁走，谁就走，这是组织的决定，我们要坚决执行。"

接着，他把要走的人的名字告诉高志忠，有黄先之等二十余人。

当时高志忠很不理解。这些人都跟了他好多年了，怎么都叫走呢？于是，高志忠问："这些人都和军长不错，怎么叫他们走哇？"

"叫他们走，是党的会议决定的，要坚决执行。不是常听何（长工）政委讲吗？要革命，就要有革命的纪律，不能讲私情啊！"

听他这么一说，高志忠也担心了，生怕也让自己回家。

董振堂大概从高志忠脸上看出了这一点，于是，笑了笑说："你放心！你是个小孩子，你没看红军里小孩子很多，都没叫回家。只要你今后听党代表的话，学习红军的好思想、好作风，是不会叫你走的，你要当个真正的红军战士才行。"

这天晚上，高志忠按照董振堂的吩咐，把其中要走的三个人找来。董振堂让他们坐下，先问了一下部队的情况，然后才说："你们有什么想法？想不想回家呀？"

有人说想，也有人说不想。可是，当董振堂把决定让他们回家的事说出来以后，三个人都哭了，哀求道："军长，看在我们跟了你几年的情分上，还是留下我吧！"

董振堂耐心地给他们讲了许多道理，最后劝他们说："这是组织的决定，服从。现在回去也好，红军也是为农民谋幸福的嘛！"他让高志忠拿出六十块大洋，亲手递给每人二十块，"这点儿钱你们带回去可以做点儿小生意，千万不要为那些地方军阀们干事。"

红5军团初创时期，各师、团政委多为共产党，是为了加强党对这支部队的绝对领导。董振堂自己主动请过来思想工作者，因为董振堂认为部队太需要思想工作了，包括他自己也需要不断学习。这时，中革军委给红5军团派来大批政工干部。于是，党在红5军团建立了各级政治委员制度，加强党的领导。

没有遇到刘伯坚以前，董振堂一直在自己寻找光明，认识了刘伯坚后，一直在学习刘伯坚，加入红军后，更是向红军学习。萧劲光在回忆中说："我记得刚到红军的时候，赵博生、董振堂、季振同等非常欢迎我们的到来，希望借助我们这些政治干部把部队引上红军的道路。对派来的干部，董振堂处处尊重他们，向他们学习，与他们通力合作。何长工来到13军当了政委以后，无论检查工作，还是开各种会议，他总是让何政委先讲。该他讲话时，他又总是事先征求何长工的意见。一有空，他就向何长工请教红军是如何打仗的，井冈山的红旗为何能坚持不倒，等等。"

董振堂自己这样做，也时刻提醒各级干部都要这样做。有一天，他对边章五说："你们师和红军派来的干部相处得好不好呀？我们要很好地向人家学习，学习人家怎么带兵，怎么打仗，更要学习怎么做思想政治工作，不然就当不好红军干部。"

在宁都暴动和教育改造部队期间，赵博生、董振堂起了非常好的表率和推动作用。在旧军队中，董振堂是一个典型的正人君子式的军人，为人刚正，不苟言笑。对旧式军队的练兵，他有很深的造诣。他带兵虽然严格但赏罚分明，又能以身作则，在官兵中享有很高的声望。他的部队训练有素，善于近战、肉搏战，有相当强的战斗力。起义不久，他表示，从此把自己的一切都交给了党……他做什么事情都相当认真，一丝不苟。作为一员武将，他特别认真地学习红军的战略战术，经常与同志们一起商讨军事问题，非常虚心。

从旧军队过来的人，许多坏习惯是很难一下子改掉的。所以，董振堂特别注意对广大官兵进行"三大纪律八项注意"的教育。

　　每次开会，董振堂总要讲执行"三大纪律八项注意"的重要性。他经常对干部战士这样说："咱们现在的情况变了，是红军了，一定要学习红军遵守纪律、爱护士兵、联系群众、与老百姓打成一片的好作风。老百姓为什么拥护红军？为什么红军一到，老百姓都来？老百姓是水，红军是鱼，鱼离开水就活不成！我们一定要遵守纪律，爱护百姓。这对我们今后的打仗、生存，是件大事，也是苏区能否存在的大事。"在董振堂的谆谆教导下，执行"三大纪律八项注意"逐渐成了干部战士们的自觉行动。

　　开始，对红军的一切，董振堂几乎是陌生的，为了尽快了解红军、熟悉红军，与红军融为一体，他在努力工作的同时，如饥似渴地学习政治。毛泽东的《湖南农民运动考察报告》《中国社会各阶级的分析》，使他懂得了什么是阶级，什么是剥削和压迫。革命的理论像一股清泉洗涤着他头脑里的尘埃，擦亮了他的双眼；又像是一把金钥匙，打开了他的心扉，使他心胸豁然开朗，认识不断提高。这时，他才真正理解了党和红军，真正懂得了革命。

　　那时，有一定文化水平的干部战士提出一些理论上的问题，如什么叫帝国主义、什么是马列主义等等。有些连队指导员往往讲不清楚，因此，有次在军团部开会，董振堂就请政委萧劲光给大家讲讲这些问题。两天后，萧劲光给当时住在九堡的全体连以上干部上课，讲了帝国主义的五大特征。

"大家听了感到非常解渴、过瘾。由于从上到下注意做艰苦细致的思想教育工作，干部战士的情绪逐渐稳定下来。"（苏进）

董振堂很快由一个具有正义感的旧军人，转变为一名无产阶级革命战士。根据他的表现和要求，原 73 旅学兵连党支部，在龙岗召开了最后一次支部大会，通过了他的入党申请。1932 年 4 月，由何长工介绍，董振堂被批准为正式党员，这使他十分激动，脸上一天到晚挂着笑容，工作起来不知疲倦。

陈云、高志忠、苏进、萧劲光等多个与董振堂一起战斗过的人都在回忆文章中写了这样一件事：

当董振堂由宁都进入瑞金，向党中央及中央革命军事委员会报告其领导宁都起义之经过时，将自己行李内多年来所有积蓄之薪饷三千多块大洋全数交给党中央军事委员会。他说："我当军官十几年，一身以救国救民为意志，从未克扣过一文军饷，而且常以自己薪饷与部属之遇有急需者。我不喜烟酒，从未嫖赌。别人之身任团旅长者，必有小厨房，而我向与士兵共食共睡，直至升任旅长后，才在驻军时包了一家每月十二元的伙食。我现在是共产党员，我之一切都是党的，故我将多年来积蓄之几千块全数交党作为革命军之军费。"

高志忠在《怀念董振堂》一文中写道：

参加革命以后，董振堂更是自律，完全以共产党员要求自己，严格以红军为榜样治军。他对于军队的纪律和团结非常注意。在他的言传身教下，红5军团形成了铁一般的纪律。

董振堂对部队要求十分严格，发现做得不好的地方，及时加以批评纠正。有一回，部队已经从村子里出发了，他带着几个人到住过的地方检查纪律，一连走了几处，发现警卫队一班住过的地方没打扫干净，他当即让大家重扫了一遍。晚上到了宿营地，他把警卫队长找来进行批评，嘱咐他今后一定注意。他就是这样要求干部和战士，使大家逐渐养成了遵守各种纪律的良好习惯。但是他深知"其身正，不令则行"这句话的道理，所以凡要求下边做到的，他首先带头做好，处处以身作则，身体力行，为人表率。比如军队风纪，他首先带头做好，每天打着裹腿，风纪扣总是扣得整整齐齐。部队有一条纪律：枪支走火要关禁闭。有一回，他擦枪不慎走了火，就主动抱着铺盖进了禁闭室。这件事很快被刘伯坚、萧劲光知道了，劝阻不要进去，他却说："不行，王子犯法与庶民同罪，官兵一致嘛！"结果，他还是进了禁闭室。

萧劲光感叹道："红 5 军团之所以能迅速改造成一支纪律严明、作战勇敢的红军部队，与董振堂、赵博生等起义将领自觉革命、自觉改造的表率作用是有很大关系的。"

董振堂出身农民，自始至终保持着勤俭朴素的作风，无论他当见习生，还是任军官后，直至当上将军，一直都与士兵同甘共苦共患难，从来没有官架子。

1981 年，宁都起义五十周年之际，谢良在《解放军报》上刊发了一篇《路遥知马力——回忆长征中的董振堂同志》，记载了这样一个故事：

1934 年 12 月中旬的一天，我和团长王彦秉同志在黎平街上逛了一圈，买了些东西，然后到军团部去看望他。军团长住在城内一家普通的民房里，院内静悄悄的。我们进门时，迎面碰见他的警卫员。王彦秉同志便问："军团长在吗？"警卫员回答："在，在洗衣服哩。"我听了感到诧异，责怪警卫员说："首长工作这样忙，还让他自己洗衣服，你们干啥去啦？"警卫员十分委屈地说："你们去说服首长吧，我们拿他没办法呢！"我俩走进屋，见军团长果然正蹲在地上洗衣服。我便大声说："你还自己洗衣服，为啥不让警卫员帮帮忙呢？"他站起身来，一边擦手一边笑道："洗衣服是一种有益的劳动嘛，既可休息脑子，又可以锻炼身体。再说我自己也有一双手，何必麻烦警卫员呢？他们既要行军打仗，又要站岗放哨，也很辛苦啊！"听了军团长的话，我打心眼里佩服，一时不知说什么好。这时王彦秉同志笑道："你来5军团的时间不长，还不大了解咱们军团长。多年来，他从来都是自己洗衣服的。"

董振堂对战士非常和蔼可亲，对伤病员更是关怀备至。高志忠在回忆文章中说，董振堂经常把马让给战士骑。这里还有一件流传很广的小故事：

1935年3月，当红军路过赤水河边的茅台镇，当地群众慰问红军，送来茅台酒，许多战士只是听说过茅台酒好喝，但从来没有喝过，第37团卫生队有个小战士叫黄太兴，竟然喝醉了，部队要出发了，他却坐在地上不动，董振堂走上前问他："小鬼，部队都走完了，你怎么还不走？"黄太兴不答，只是笑。董振堂看着这个可爱的小战士，背过身子，也偷偷地笑了。他知道，战士们辛苦了多少年，打了多少仗，有谁能开怀畅饮过茅台酒呢？又什么时候有过这样好的心情呢？董振堂没说什么，把这个小鬼抱到他的马上，他自己却和其他战士一样步行着。

红 5 军团中流传着这样一句话："军装发完了没有，看一看军团长的穿戴就会知道。"因为，每次发军装时，董振堂都要等所有人都领了他才领。

耿万福长征时任红 5 军团供应部会计、财务科长，新中国成立后，曾任东北军区营房部部长等职，他在回忆文章中写了这样一件事：

> 长征途中，部队过了湘江，进入广西一个大山里。这个山沟很长，荒无人烟。部队带的粮食虽然不多，但还可以吃几顿，但是为了尽快走出这个山沟，以防不测之敌，很少休息，休息时也不埋锅造饭，而是吃点儿干粮和野果。一天中午，在一个山坳里发现了一户独居人家。董振堂下令在此休息，并架起电台与中央联系。军团管理科科长赶忙支起锅做了两锅大米饭，准备给首长和机关指战员食用。饭刚做好，还没来得及分，后边的部队上来了。战士们看到香喷喷的白米饭，以为是为他们准备的，便不容分说你一缸子他一碗地吃了起来。管理科长急得直嚷嚷："这像话吗？你们都吃了，叫首长吃啥啊？"董振堂当时站在一旁，看到战士们疲劳饥

饿的情况，心里酸楚楚的，含着泪花对管理科长说：

"同志们受苦了，让他们吃吧，让他们吃吧！"

董振堂不仅从生活上关心每一名战士，还特别注意在政治上、军事上爱护和培养他们。他常对战士说："咱们对红军的问题不懂，不熟悉，要认真学习三大纪律八项注意。"他还常给战士们讲什么叫无产阶级、什么叫贫雇农，提升战士们的阶级觉悟。他经常利用战斗间隙和行军的机会，苦口婆心地给战士们讲军事知识。

第五次反"围剿"，由于王明"左"倾路线的错误领导，形势变得对我军极为不利。这时，5军团在兴国参加高虎脑战斗，短促突击，几仗打得不错，但难以挽回全线的劣势。这时，突然刮起一股阴风，从地方上、军队内，不断送来对原起义将领的揭发材料，有些是从邮局寄来的，其中有不少揭发董振堂的。

揭发的材料触目惊心，说这些起义将领重新同国民党蒋介石建立了秘密联系，要打起白旗反水。寄来的敌人书信，还伪称蒋介石已经同意董振堂提出的所谓投诚条件，约好在哪里接头，等等。

这些蛊惑人心的材料，搞得一些同志神经很紧张，意见纷纷，莫衷一是。有的同志分析，形势变坏，旧军官反水的可能是大的，主张对董振堂等高级军官采取预防行动，就是要抓人。

事情关系到人命，关系到一个军团的稳定与战斗力，任何盲目行动都会造成严重后果。周恩来亲自派欧阳毅到红5军团任保卫局局长进行了解。欧阳毅深知这个军团保卫局长肩上担子的分量。他冷静地把材料汇集到一起，仔细地进行甄别，又结合自己与董振堂平日的了解，两相对照，揭发材料很明显地就露出了破绽，这明显是敌人在使用反间计，借刀杀人，挑拨共产党与红5军团起义过来的指挥员的关系，达到不费一枪一弹搞垮红军的目的。

欧阳毅把自己的分析材料和处理意见向军团政委李卓然汇报："董振堂同志是好同志，不可能反水，不可能与敌人接头，我们不能上敌人反间计的当。要表达我们党是信任他的、尊重他的、爱护他的，要慎重处理这件事。"

李卓然同意欧阳毅的看法。他们又一起重新分析这些材料，一致确认这的确是敌人的反间计。当欧阳毅与李卓然研究怎么处理这件事时，欧阳毅把周恩来的指示向李卓然传达了，并且强调说："我们处理这件事的出发点就是要有利于团结，有利于增强党与这些同志的相互信任，所以，最好把这些材料交给董振堂同志，向他揭穿敌人的阴谋。"李卓然完全同意欧阳毅的处理意见。

一天晚上，欧阳毅把所有材料当面交给董振堂，并诚恳地向他说明了材料来源和党组织的态度，最后对他说："我有责任保护首长，我认为这是敌人的陷害！"董振堂感动得眼圈都红了。他表达了对敌人阴谋的义愤后，握着欧阳毅的手连连说："共产党伟大、伟大，谢谢你们，谢谢你们！"后来，在长征路上，有一次周恩来、邓发相遇，谈起这件事时，周恩来专门表扬欧阳毅："欧阳，你们做得对，做得好啊！我们的政治保卫工作其实就是打击敌人，保护同志嘛！"以董振堂为首的这批起义过来的指挥员，从此更坚定了跟着共产党干革命的决心。

在一年又一个月的中央苏区第五次反"围剿"作战中，由于博古、李德等人完全否定毛泽东提出的符合中国革命战争规律的一系列军事原则，开始推行军事冒险主义的"进攻路线""御敌于国门之外"方针，在碰壁后，继而实行军事保守主义的消极防御，"处处设防，节节抵御""分兵把口，两个拳头打人"，致使中央红军一再遭到失败。到 1934 年 10 月，根据地日益缩小，苏区人力物力资源濒临枯竭，形势日趋严峻。这个时候，"左"倾教条主义又完全被敌人的气势吓倒，由保守主义转变为逃跑主义，仓促决定放弃中央苏区，并于 10 月率领党中央、中革军委直属队和红 1、3、5、8、9 军团共八万六千人，实行战略转移——长征。

长征前，"左"倾教条主义者为了隐蔽企图，既不在党内和部队中进行必要的思想动员，又不从阵地战转为运动战，从依靠苏区转为脱离苏区。这个关系到中央苏区几百万人民群众和广大红军指战员命运与前途的重大问题，甚至没有经过中央政治局讨论。中革军委对战略转移秘而不宣，军团、师自然不会有什么部署，部队向何处去，当前和今后的任务是什么，师团干部都蒙在鼓里，致使红军在战斗中一次次地失利。

"左"倾教条主义使红军受到了前所未有的损失，从八万六千人减少到三万多人，红5军团由两个师一万余人减少到一个师不足五千人。中央苏区丢掉了，中央红军不到两个月就损失了一半，这严酷的现实，引起了广大指战员的焦虑和不安，他们对上面的指挥越来越不满，一向只讲服从命令的董振堂也在思考这个问题：为什么中央红军在毛泽东、朱德的领导下，取得了一、二、三次反"围剿"的胜利，接着在周恩来、朱德的领导下，又取得了第四次反"围剿"的胜利。而在博古、李德的指挥下，第五次反"围剿"却遭到了惨重的失败，不仅丢掉了整个中央革命根据地，还在长途转移中遭到如此重大的损失呢？这样鲜明的对比，使他迅速觉悟起来，逐渐认识到博古、李德的指挥是错误的，毛泽东的战略战术是正确的，红军广大指战员都在思考这个问题，因此，要求改变红军领导人的问题已经提到中国革命的重要日程上来了。

有人说，34师最后发出的几声愤怒的枪声和红军辎重大队沿途百里的惨状，就已经宣告了博古、李德指挥的结束。

中央红军渡过湘江以后，继续西进，董振堂率领的红5军团仅有的一个第13师，仍然担负着全军的后卫任务，掩护着中央红军主力及军委纵队从桂北进入湘南，又突破黔军防线，进入贵州境内。董振堂凭着勇敢和智慧，指挥红5军团一次又一次冲出险境，渡过难关，紧紧地掩护着军委纵队后部的安全。

当军委纵队进驻黎平县城时，中央政治局在这里举行了会议，会议经过激烈的争论，接受了毛泽东的主张，放弃同2、6军团会合，继续西进，在川黔边建立根据地。为了贯彻黎平会议的决议，军委1、2纵队合编为一个纵队，刘伯承任司令员，陈云任政治委员，叶剑英任副司令员。这对红5军团执行后卫掩护任务是十分有利的。

然后，中央红军又踏上征程，分两个纵队继续西进，1、9军团为右纵队经剑河向施秉前进，3军团、军委纵队、5军团为左纵队，经台拱（今台江）以西地区向黄平前进。

12月下旬，5军团到达贵州的黄平县。黄平是一座山城，坐落在山坡上，四周山峦起伏，几乎没平地，但市面却很繁华，店铺林立，人来人往，熙熙攘攘。军委决定在此休整三天，传达黎平会议精神，对部队进行整编。

此时的董振堂精神异常舒畅，时任37团政委的谢良回忆中写道：

那天，谢良与团长王彦秉去军团部请示工作。他们说到有些病号几乎全是打摆子，这种病对人的体力消耗很大，有的同志已经病得走不动了。董振堂说："趁我们正住在城里，要设法多买些药品，给这些同志医治。少数实在身体虚弱的，要想办法寄养在乡下老百姓家里，因为我们前面还有繁重的行军、作战任务。"董振堂又沉思了一会儿，又问道，"战士们有些什么想法呢？"王彦秉说："希望休息一下，哪怕是几天也好。"董振堂说："是啊！从江西出发，两个多月了，走了好几个省，部队一直行军、打仗，没有休整的机会，特别是你们37团，一直担任后卫，够疲劳的了。"董振堂从椅子上站起身，在室内走了几步，又停下说，"不过，这个愿望是可以实现的。刚才接到军委的电报，要我们在这里休息三天，进行整编。"

"整编。"谢良和王彦秉感到很意外。

"对，整编。"董振堂点点头，兴奋地说，"听说这是毛主席的意见。"

王彦秉激动地说："这可是个好消息呀，你们看吧，只要毛主席来指挥，咱们准保打胜仗！"

董振堂说："毛主席真是想到我们心里去了！"又补充道，"这次整编提得多及时呀！两个月来的事实不是很清楚吗？我们部队不够战斗化，不能适应当时的情况，携带东西太多，什么坛坛罐罐都背着，像一次大搬家似的，走不动，不能有效地集中兵力，机动灵活地消灭敌人，当然就要处处挨打！"

王彦秉说："对呀！不说别的，就说抬了那么多的机器，既不能吃，又不能用，哪像打仗的样子！过湘江、老山界，我们吃了多少亏呀！34师没有过得了湘江，我看，就是由于我们舍不得坛坛罐罐的结果。不集中兵力去消灭敌人的有生力量，消极避战，搬家逃跑，就只有被动挨打，使自己遭受损失。"

董振堂说："对！这是血的教训。所以，现在军委才决定整编部队。"董振堂又坐到自己的椅子上。

王彦秉急问："咱们怎么整编呢？"

董振堂告诉他们："军委按照毛主席的想法，决定撤销5军团师一级机构，精简机构，充实连队，并把8军团和5军团合编。这样，战斗力会大大增强。"

"那太好了！"王彦秉激动地说。

的确，如不进行整编，再这样下去，不要说打仗，怕是拖也拖垮了。仅两个月时间，全军由出发时的八万多人，锐减到三万多人。红军损失如此严重，董振堂心里非常难过，他深深地为红军的前途担忧，他急切地盼望着毛主席快出来指挥全军战斗。

这一天，终于盼来了。

1935年1月7日，1军团攻克遵义，继而又占领娄山关，随后军委纵队进驻遵义城，在遵义召开了政治局扩大会议，即遵义会议。

5军团跨过乌江后，就接到在东边担任警戒任务的命令。当时，军团部驻在江北岸两山之间的一个小村寨里。当接到中央要董振堂和李卓然赴遵义参加政治局扩大会议时，布防任务正在紧张进行，因此，董振堂未能按时出席。也由于5

军团距遵义较远，山路崎岖，当李卓然赶到遵义时，博古关于反敌人第五次"围剿"的总结报告和周恩来批评军事指挥上的错误的副报告已经讲完了。当晚，李卓然去看毛泽东，在谈起5军团的情况时说："这种搬家式的行军真是没办法。前面部队走不动，我们后卫部队就更辛苦。有时为了抵挡敌人，一个晚上只能走几里路，干部战士很不满意。"

毛泽东听后说："明天你可以把后卫部队的这些情况在会上讲一讲。"

董振堂在第二天赶来参加会议，在会上，他和李卓然分别把5军团长征以来担任后卫的情况进行了汇报。这次会议经过充分讨论，通过了《中共中央关于反对敌人五次"围剿"的总结决议》，批判了在军事上的"左"倾错误。董振堂的喜悦之情溢于言表。谢良在回忆中说，1935年1月中旬的一天，在乌江北岸的工事里，谢良和37团新任团长李屏仁正肩并肩站着，面对着滚滚东去的江水，透过江面上的薄雾，观察对岸敌人的动静。忽然，警卫员李云气喘吁吁地跑来，报告说："军团首长来了，叫你马上去。"李屏仁听了之后，转向谢良说："首长连夜从团部赶来，一定是有什么重要情况。"便急忙回到团部。董振堂见到他们，十分兴奋地说："你们辛苦了！我是来报告好消息的！党中央在遵义召开了政治局会议，确立了毛主席为首的新的中央领导，毛主席又回到了中央领导岗位了！"

李屏仁一听，高兴地说："这是真的？那太好啦！"又一拍手说，"毛主席终于又回来掌舵了，这可是我们日日夜夜盼望的啊！"谢良一听心里也异常高兴地说："快给大家传达吧，同志们都在等着好消息呢！"

原来，谢良的 37 团只是听说中央在遵义开了一个十分重要的会议，但对具体情况并不了解。

这天上午，董振堂召集全团排以上干部开会，他声音洪亮地说："同志们！报告大家一个好消息，党中央最近在遵义召开的会议已经结束了，毛主席又回来领导咱们了！"

"毛主席又领导咱们了？！"同志们听了顿时群情振奋，抑制不住心中的喜悦，突然爆发出长时间的热烈掌声。

过了好大一阵，董振堂见大家的激动情绪稍稍平静下来，才开始传达遵义会议的主要精神。他说："在第五次反'围剿'作战中，敌人采取了堡垒主义的战略战术，企图逐渐消耗我们的有生力量，紧缩我们的革命根据地，最后寻求我主力决战，以达到消灭我们的目的。在这种情况下，我们本应该集中优势兵力，选择敌人的弱点，在运动中，有把握地去消灭敌人的一部或大部兵力，各个击破敌人，最后彻底粉碎敌人的'围剿'，然而，'左'倾路线的领导者却错误地估计了形势，说什么要'御敌于国门之外''以堡垒对堡垒'，采取了冒险主义的做法，以阵地战代替运动战，以消耗战代替歼灭战，并以所谓'短促突击'的战术原则来支持这种消极防御的战略方针。这样一来，敌人的堡垒主义战略战术得逞了，我们的红军主力部队遭到了严重损失，最后不得不退出中央革命根据地。"董振堂气愤地说，"红军离开中央革命根据地后，'左'倾路线的领导者又把突围变成了惊慌失措的逃跑和搬家式的行动……"这时，会场里有人小声地嘀咕："可不是嘛，那时我们也悄悄议论过，红军要到哪里去，任务是什么，就是不明确呀！"

"……庞大的后方机关，大批的物资也给行军、作战带来极大的困难，使战斗部队几乎都成了掩护队，到处被动打掩护，无法主动地消灭敌人，反而使红军受到很大损失；由于部队得不到片刻休息，以致减员达到了空前的程度……"

听到董振堂此刻的讲话，多年之后，谢良的心境还清晰如初，他在回忆录里写道："听到这里，我不禁想起了突破敌人四道封锁线时牺牲的许多战友，想起了被敌人截在湘江东岸的 34 师的同志们，想起了兴国师和瑞金师抬机器的阶级兄弟，以及顺山叔在老山界关于他如何掉队的那一席话……想起这些，我不由深深感到'左'倾路线真是坑人，给革命带来多大的危害啊！"

董振堂接着说："同志们，我们红军遭受了不应有的损失，这都是'左'倾机会主义路线带来的，是'左'倾路线领导者排斥毛主席对红军的领导而造成的严重恶果！"

"董振堂越说越激动，越说越愤慨，他的激愤情绪感染了大家，同志们这时有的圆睁着双眼，有的紧握双拳，也都对这条使他们吃尽苦头的错误路线表示了极大的义愤。"

最后，董振堂以极其坚定的语调说："同志们！遵义会议结束了'左'倾路线在党中央的统治，周副主席号召我们，一定要紧紧团结在以毛主席为首的新的党中央领导周围，沿着毛主席指引的方向前进。这次会议，是在最危急的关头挽救了党，挽救了红军，挽救了中国革命！有了毛主席的英明领导，我们中央红军和红四方面军以及2、6军团的配合，眼前的困难是完全可以克服的。"说到这里，他突然把手一扬，提高嗓音，信心百倍地说，"中国革命是任何力量也消灭不了的，我们要抗日，是任何力量也阻挡不住的，中国人民是不可战胜的。在毛主席的英明领导下，中国工农红军一定能够胜利前进！"

每当回忆起这个场景，谢良都激动不已。多年以后，谢良还清楚地记得，当时，董振堂同志的这些话，铿锵有力，扣人心弦。随着他的每一句话，每一个手势，同志们的心里越来越亮堂，长期以来思想上的疙瘩终于解开了。

"董振堂为之欣喜若狂。"高志忠在回忆中说，会议一结束，他便连夜赶回部队，向全军团传达这个振奋人心的喜讯。当时高志忠任5军团警卫队长，一天，高志忠去看董振堂，一见面，董振堂便高兴地说："遵义会议开完了，以后就好了。"停了一会儿，董振堂问高志忠，"刘振亚同志的病情最近怎么样？"

"前几天我去看过他，病得不轻。"高志忠回答。

"噢！这几天我没时间，你再代我去看看他，把遵义会议的好消息告诉他，让他也高兴高兴。"董振堂拿出一些钱让高志忠转给刘振亚说，"让他好好养病，补补身子。"可是不久，刘振亚就病故了。董振堂听到这个噩耗，悲痛万分，带着高志忠赶去向刘振亚的遗体告别。在路上，他掉着眼泪对高志忠说："我们宁都暴动过来的人不多了。赵博生、李青云等同志已经为革命牺牲了，咱们5军团剩下的人能不能回到西北去？咱们要有决心，要坚决跟党走，再苦再难也不能有二心！"高志忠听着董振堂说话，不住地点头。

遵义会议之后，董振堂和5军团按照党中央的战略部署在阻击敌人的战斗中，接连打了许多漂亮仗，掩护主力部队斩关夺隘，抢险飞渡。

1935年6月，红一、四方面军会师后，党中央决定把部队加以混编，分左、右两路继续北上。一方面军的1、3军团和四方面军4、30军为右路军，由毛泽东、周恩来率领，从毛儿盖出发，经班佑、包座，出腊子口到甘南。一方面军的5、9军团和四方面军的9、31、33军为左路军，由总司令朱德、总参谋长刘伯承和总政委张国焘率领，从卓克基出发，经查理、阿坝，到班佑、包座与右路军会合，然后并路北进。

可是，左路军到了阿坝之后，张国焘公然抛出一个南下川康的计划，执意带领左路军南下"创建川康边根据地"，明目张胆地对抗中央，遭到左路军广大指战员的抵制和反对。当时，5军为了向右路军靠拢，前卫部队已到达墨洼，指日可达巴西。但是，张国焘还是强令5军折回阿坝。

此时，董振堂非常理解大家的心情，但是，他为了顾全大局，减少红军的损失，依旧耐心地做部下的工作。他时时提醒大家，千万不能鲁莽行事。

9月2日，天下起了雨，如果此时渡过噶曲河，再有三天的路程，就可以到达巴西和右路军会合了。

朱德派他的警卫员潘开元下河探测。潘开元骑马蹚过河又返回来，最深的地方也不过齐马肚子，队伍是完全可以通过的。朱总司令看到这种情况后，多次提出要部队过河北上。可是几天过去了，张国焘总是按兵不动。

朱德、刘伯承以及左路军中的原红一方面军中的负责同志，都是赞成过河的。据刘伯承回忆说："（张国焘）说不过河了，要转回去。董振堂同志是个好人，小河嘛，可以过去的。张说不行，要转回阿坝，并当即缴了第5军一排人的枪。董振堂气愤地和他吵起来：'国焘同志，你是用冯玉祥那一套对付我们。冯玉祥已经垮了，你这样做也是要垮的！'"然而张国焘一意孤行，强令左路军返回阿坝。

1935年9月上旬，在阿坝的一次干部会议上，张国焘公开大肆攻击党中央，公开污蔑中央北上是逃跑，声称南下才是革命。张国焘公开抵制党中央的北上方针，宣称北上陕甘宁是自寻死路，南下川康才能吃上大米。

张国焘的主张遭到朱德、刘伯承等人的反对。9月中旬，张国焘命令红四方面军从阿坝地区南下。董振堂为避免发生亲痛仇快的事情，只好和第四方面军一起南下。董振堂率军向大金川流域的马塘、松冈、党坝一带集结，从此，红5军加入四方面军序列，开始了南下的艰难行程。

同时，徐向前、陈昌浩率领的右路军也接到电令后南下。毛泽东得知这一情况后，同周恩来、张闻天、博古等在红3军驻地阿西紧急磋商，为贯彻党中央北上方针，当机立断，决定迅速脱离险区，率领红1、3军先行北上。徐向前、陈昌浩带领前敌总指挥部及原红四方面军之第4、30军又二过草地返回阿坝地区。

红四方面军南下到达大渡河上游的金川，张国焘驱使第5军继续南下丹巴，以警戒康定方面的敌人。很显然，张国焘对董振堂是存有戒心的。随后，张国焘又命令红5军第37团进驻丹巴以南相距一百多公里的牦牛沟，配合第33军扼守大炮山阵地。这样，又把第5军分成了两部分。

董振堂一面完成作战任务，一面对张国焘的分裂主义进行抵制和斗争。

当时，红5军有一部电台，和中央方面能取得联系，得知第1、3军胜利的消息后向部队传播，并得知中央不同意张国焘南下，要他尽快北上，广大指战员无比兴奋，希望早日北上，和第1、3军会合。

后来，张国焘派来他的亲信黄超任第5军政委。黄超口口声声叫嚷着要对第5军来个根本改造，查抄了第5军的电台，致使董振堂与党中央的联络就此中断。接着调走了原第5军政委曾日三、参谋长曹里怀，又换了一批营、连级干部。还在一次全军干部大会上造谣说："周恩来、陈赓是蒋介石派来的特务，董振堂是旧军阀，等等。"董振堂没去开这个会，事后听到这些无中生有的话，笑了笑，选择了沉默。

可第5军将士们不服气，纷纷来找老首长董振堂。时任红5军教导大队政委的张力雄就曾问道："首长，今天你怎么没去开会呀？我们都想听听你的讲话。你要去了，他（指黄超）也没这么嚣张。"

董振堂考虑了一会儿，慎重地讲道："因为有事没有去，再说我也不想讲什么。"

张力雄听后明白了，董振堂不去开这个会的真正原因，是在用自己的沉默来支持朱德同张国焘的错误路线做斗争。

以后陆续又有许多人找到董振堂，董振堂则耐心地劝导大家："革命利益高于一切，个人受点儿委屈算不了什么。关键要采取正确的斗争方式和斗争策略，决不能让他们抓到什么把柄。"

这一阶段，连朱总司令、刘伯承参谋长都被张国焘监控着，受到了限制，气氛弄得非常紧张。

此后不久，朱德特意赶到红5军，董振堂高兴极了。他立即召集营以上干部开会，请朱德讲话：现在党中央毛主席他们北上了，取得了很大胜利，这是一条正确的路线，毛主席早已指出，南下是绝路，可是有人却说北上是逃路，只有南下才是革命，谁是谁非，历史会做出结论的。朱德嘱咐大家，在事关路线的大是大非上，要坚持原则；但在兄弟部队之间，要注意搞好团结，无论如何不能扩大矛盾，不能盲动。如果红军和红军冲突起来，就意味着对革命的犯罪。大家听了总司令的话，心里顿时亮堂起来。

董振堂这些日子沉默多了，也消瘦多了，听完朱德的讲话，他当即站起来表示："请总司令放心，我们一定坚持原则，冷静、理智地处理问题，决不感情用事。决不辜负党和毛主席对我们的期望……"说到这里，他非常激动，眼眶里滚动着泪花。这些日子来，他受了许多打击和委屈，如果不是为了革命的利益，有些事简直难以忍受。

随后，董振堂又对大家说："总司令的这些话，我们应该牢记在心，同时要向部队进行传达，只要每个同志都能从整体利益和长远利益着想，即使有天大的困难，也是能够战胜的！"

经过朱德和董振堂的努力，干部战士的情绪很快稳定下来。

1935年10月5日，张国焘公然在四川省理番县卓木碉（今马尔康县脚木足）不顾朱德、刘伯承的反对，另立党的"中央""中央政府""中央军委""团中央"，自任主席，宣布"毛泽东、周恩来、博古、洛甫应撤销工作，开除中央委员及党籍，并下令通缉"。他带领红四方面军和原属红一方面军的红 5 军（原红 5 军团）、红 32 军（原红 9 军团），继续南下。

朱德和刘伯承对张国焘的错误虽然进行了抵制和斗争，但是无济于事，在张国焘的命令下，红四方面军分为两个纵队继续南下。

董振堂率领红 5 军编入右纵队，沿大金川右岸前进。主力部队经懋功、丹巴，翻越雪山，向宝兴、芦山、天全一带进攻。5 军被留在丹巴固守，警戒康定方向的敌人，保护后方的安全。

这一段时间，身为总司令的朱德和参谋长的刘伯承都被张国焘监控着，处处限制，气氛非常紧张。

张国焘另立党的"中央"被朱德严词拒绝后，便要赶朱德走，未逞，便在生活小节方面做文章。开饭稍去晚一点儿就要饿肚子，身边的警卫也全部撤了。

堂堂的红军总司令身边，连个警卫人员都没有，董振堂获此消息气得把桌子一拍："岂有此理！"立即吩咐第 5 军保卫局局长欧阳毅："你立刻安排两位同志去朱总司令那里做保卫工作。"欧阳毅心领神会，正要出门，董振堂又叫住了他，"黄政委若过问此事，就说是我安排的。记住，要'靠得住'的同志。"欧阳毅点点头："军长，放心吧，我这就去办。"

张国焘为了进一步控制红 5 军，以调整干部为借口，首先调走保卫局局长欧阳毅。欧阳毅是长征前夕周恩来派来红

5军的。由于欧阳毅不愿意听张国焘的指使，张国焘非要调走他不可。董振堂说："欧阳毅不能调走，我们这里离不开他。"给顶了回去。又没几天，张国焘硬是把红5军代政委曾日三调走，派秘书黄超任军政委。黄超到任不久，便趁欧阳毅生病住院之机把他调离5军。

果然，在四方面军和二方面军于甘孜会师之后，经过广大指战员的坚决斗争，迫使张国焘不得不放弃南下川康的计划而北上与中央会合。谁知，张国焘仍不死心。董振堂立即感到了问题的严重性。

董振堂吃不下饭，睡不着觉，考虑着怎样应付这些突然的变动。

在一个灰蒙蒙的夜晚，他踏着清冷的月光悄然来到警卫队找高志忠说："你现在的身体怎么样？还能骑马吗？"

"行，身体还好。"高志忠回答说。

"骑兵还有多少？"

"总共还不到二十。"

董振堂问完了警卫队的情况，过了一会儿，又深沉地说："我来看看你。"

长征以来，由于戎马倥偬，又各负重任，他们不能像先前高志忠当他警卫员时那样朝夕相见，彼此自然时刻惦念。但是，高志忠从董振堂那忧郁的表情和深沉的话语中感到，董振堂此次来绝不仅仅是为了看他，大概有重要的事情要交给他办。于是，高志忠随董振堂走出屋来，默默地走了一程，董振堂环顾了一下四周，对高志忠说："有个任务准备交给你去完成。"

"什么任务呢？"高志忠心里想，但没有问出口。

"现在跟着我的就剩下你了，跟你打个招呼，你把马匹清点一下，不要多，要精，要挑马口轻一点儿的，体质好一点儿的，马背塌一点儿的。"

高志忠仔细听着，记在心里。

"子弹还缺不缺？"董振堂停了停，接着向高志忠交代第二点，"要武器弹药集中起来配备一下。"

董振堂向高志忠身边凑了凑又说："你带哪些人，要把他们的情况了解一下，哪个人参加过什么战斗，平时和你关系怎样，能不能跟你一条心，你心里要有个底儿。"

第二天晚上，董振堂派警卫员把高志忠叫到军团部问："昨天晚上我和你谈了以后，你准备得怎么样了？"

"打算去十二个人，十二匹马。"高志忠告诉董振堂，去的这些人有的带马枪，有的带花机关，还有匣子枪，每人四五十发子弹。

"这些人的情况弄清楚了吗？"董振堂又问。

"有江西的两个，有'宁暴'过来的五个，有长征中参加的……"

"不要带那么多人！"董振堂打断高志忠的话，"带十个就行。"接着董振堂又问，"准备工作都有谁知道？"

"谁也不知道。"

"有人问起过你没有？"

"没有。"

"好！"董振堂点点头，表示满意，"明天晚上我到你那里去，你把人马都准备好。"

第三天晚上，高志忠按照董振堂指定的时间地点去找董振堂，董振堂已经在那里等高志忠了。董振堂一见高志忠便问："准备好了吗？"

高志忠说："准备好了，请首长吩咐。"

"现在有封信，你把它送到延安，或是瓦窑堡，或是保安——主席和朱总司令也可能在瓦窑堡，也可能在保安。你无论如何要找到他们，把信交给他们。"董振堂紧紧地攥着那封信，信皮上写着：面呈毛主席、朱总司令亲启。董振堂。董振堂继续说："万一出了问题，你记住：我这封信主要是不同意张副主席西路军的政策。甘肃、青海，敌人全备有骑兵，我们的部队还没有完全恢复过来，到那边十有八九要失败。"董振堂掂了掂手上的信继续说，"信的内容就是这些。在万不得已的情况下，你可以把信毁掉，但要记住信的内容。"说完，便把信递给高志忠。

高志忠把信接过来说："请首长放心，我们一定完成任务。"

"这次你们去要经过七道封锁线，但是你有条件，你是陕西人，说话容易懂。"接下去，董振堂向高志忠简单地介绍了七道封锁线的情况和通过的办法。说完，董振堂用充满信任的目光看了高志忠许久，然后又语重心长地说："小高同志，你跟了我这么多年，我的情况你是知道的。我摸着黑瞎闯了一阵子，好不容易才找到光，看到了中国光明的前途，只有跟党中央、毛主席走，才能真正实现劳苦大众的解放。这次你走了，今后我们可能还会见面，也可能见不了面，我有一句话你一定要记住：永远跟党走，革命到底！"说到这里，董振堂的眼圈红了。高志忠更是克制不住自己的感情，流着泪说："我一定记住首长的话，坚决完成任务，赶快回来见您。"时间不早了，高志忠陪着董振堂来到整装待发的马队前。他们怀着惜别之情相视着沉默了许久，董振堂把抚摸着马背的手慢慢抬起来用力一挥："出发！祝同志们顺利！"高志忠和其他九名同志跃上马，向东疾驰而去。高志忠万万没有想到，此行竟成了他与董振堂的诀别，董振堂嘱咐他的话，竟成了留给他的遗言。

　　高志忠深深理解董振堂的急切心情，带领九名战士策马扬鞭，昼夜兼程。在一天的黎明，他们来到第一道封锁线——李旺，按照董振堂事先的嘱咐，乘机偷袭过关，不幸伤亡了三人。接着，他们一鼓作气，闯过了仙城堡、洛川两道封锁线。随之，第四道封锁线又横在他们面前。趁天色未明，高志忠命令两名战士悄悄爬上雁门关一侧的山头，用火力吸引敌人，高志忠带领其余战士乘机从关口一侧绕道而过。过雁门关，又牺牲了两人。他们剩下的五人，依然不顾一切地策马飞奔，继续冲越着一道又一道封锁线。终于在第六天，到达瓦窑堡一带，找到了朱德，高志忠把信交给了他。

"情况我们知道了。我们准备发电报去，让他们改变西征的做法。"

朱德看完信，对高志忠他们关切地说："我看你们就不要回去了。"

"发电报我们收不到。"高志忠告诉朱德，"我们来时，军长要我们一定回去，最好带回信去。"

"那好！"于是，朱德给他们写了一个回信：

> 振堂同志，信已收到。
>
> 朱德

当高志忠赶回靖远时，红5军已被强令渡过黄河，开始了悲壮的西征……

九、血战高台著荣光

2019年8月21日，新华社刊发了《习近平参观中国工农红军西路军纪念馆》的消息：习近平总书记20日到张掖市高台县，参观了中国工农红军西路军纪念馆。一件件实物、一张张图片，再现了当年西路军英勇奋战、血染祁连的那段悲壮历程。习近平仔细端详，深情回顾西路军的英雄事迹。他强调，我心里一直牵挂西路军历史和牺牲的将士，他们做出的重大的不可替代、不可磨灭的贡献，永载史册。他们展现了我们党的革命精神、奋斗精神，体现了红军精神、长征精神，我们要讲好党的故事、红军的故事、西路军的故事，把红色基因一代代传承下去。

西路军，血战高台的西路军，其感天动地的英雄壮举，再次被人们忆起。

高台血战，那就是董振堂的故事。

我不禁再次诵读叶剑英元帅给董振堂写的那首刊于《人民日报》的诗句：

英雄战死错路上，

令我独怀董振堂。

猿鹤沙虫经世换，

高台为你著荣光。

在我军的战争史上，有许多可歌可泣的英雄人物，而董振堂，却牺牲得太过令人惋惜……

1936 年 10 月，红军一、二、四方面军在甘肃会宁地区会师，"部队上下一片欢腾"。

不久，传来总部命令，要四方面军西渡黄河，执行《宁夏战役计划》。这是中共中央、中革军委制定的重大战略决策，拟以红军一、二、四方面军主力西渡黄河，"建立甘西根据地""接通新疆，取得国际援助，打通国际路线"，以实现西北抗日新局面。

从 1936 年 10 月，红 30 军两个师共六个团，红 9 军两个师共六个团，董振堂的红 5 军两个师共四个团，红四方面军总部机关及直属骑兵师、特务团、教导团、妇女独立团等，共计两万多人，西渡黄河。

红四方面军指挥部以 30 军为先锋，在靖远虎豹口强渡黄河，在一条山击溃了马步青的河防部队，控制了渡口，节节向前推进。接着红 5、9 军及总部一部分也渡过河去。这时，敌情突然起了变化，红4、31军及总部一部分正当准备过河之际，被尾追之敌胡宗南部所阻，未能渡过黄河。未能过河的部队，立即转向东去，开往陕北，走向党中央、毛主席身边。

渡过黄河的红军立即遭到国民党军马步青、马步芳部的拦截阻击。

马步青、马步芳是自清末以来占据河西宁、甘、青广大地区的马氏家族第三代军阀。马步青是马步芳的胞兄，任国民党军骑兵第5师师长，从1932年开始盘踞在甘肃中部和西部，师部驻凉州（今武威），辖有三个骑兵旅和一个步兵旅，另有手枪团、工兵团、炮兵团各一个，总兵力达一万五千多人。红军渡过黄河，突破了马步青的河西防线，迅速向北推进。此时，马步青深感红军来势凶猛，无力抵挡，便向胞弟马步芳告急求援，同时蒋介石也电令马步芳调遣人马入甘，堵截追击红军。

马步芳任国民党军新编第2军军长兼第100师师长，所部盘踞青海，军部驻西宁，辖有三个步兵旅和一个骑兵旅及炮兵团、手枪团、宪兵团各一个，还兼统马彪、马元海两个骑兵旅和由十五万人组成的一百多个民团，总兵力达十八万之众，其中正规部队二万五千人。马步芳分三批由青海调入甘肃一万七千步骑，与马步青联手追堵红军。

中共中央、中革军委鉴于敌情有变，放弃《宁夏战役计划》，制定了《作战新计划》，将河西部队红5、9、30军组成西路军，令其"独立从新疆方向接通苏联""以在河西创立根据地，直接打通远方为任务，准备以一年完成之"。

根据中共中央、中革军委的命令，董振堂率领红 5 军作为后卫部队，随红军西路军进入河西走廊。

河西走廊，位于甘肃省境内，是内地通往新疆的交通要道，古有"丝绸之路"咽喉之称。走廊以南是祁连山、阿尔金山，以北是合黎山、龙首山，全长一千二百公里，窄处只有几十公里，甚至二三公里。进入 11 月，这里已是冬季，狂风呼啸，飞沙扬尘，滴水成冰。董振堂和指战员身穿褴褛单衣，赤脚穿着草鞋，忍饥挨饿，顶风冒雪，一路与敌作战向西挺进。

11 月上旬，西路军继续向西进发。红 30 军进至大靖附近，攻取土门子，俘获守敌马步青部工兵营三百五十多人。经教育开导，两百多名俘虏加入红军，其余一百多名被释放。

其间，董振堂这支从宁都起义走过来的一万七千人的队伍，在经过五年的浴血拼杀、长期征战之后，到如今还剩下不到四千人，不足一千五百支枪，平均每支枪只有五发子弹，而且兵员物资补给十分困难。在有耗无补的情况下，董振堂率领红 5 军向西挺进，时刻准备与"二马"强敌作战。

1936 年 11 月 21 日，红 30 军攻占山丹。23 日，董振堂率领红 5 军进驻山丹城，接替红 30 军防务。

山丹、永昌、凉州一线，地处河西走廊的蜂腰部，北临大沙漠，南靠祁连山，中间一条狭长地带是内地通往边疆的重要通道。这里人烟稀少，村庄零落，大路两旁尽是荒凉的戈壁滩，不利于红军的防守，而有利于敌人骑兵的运动。尤其是，当地没有党的工作基础，群众是回汉杂居，对党和红军的政策不甚了解，短时间内是很难与群众融为一体的。而且这一带临近青海的省会西宁，是马家军必然要拼死争夺的战略要地。

马家军不断向红军发起大规模进攻，西路军在东起凉州四十里铺至山丹约三百里地段上开始了艰苦的鏖战。

先是凉州西北四十里铺之战，30军与敌展开大规模的白刃战，血战三天，将敌击溃，30军的一个连全部牺牲。再是永昌东南八坝之战。30军撤到八坝，又遭敌两个旅的进攻，激战两天，弹药消耗殆尽，全部使用大刀拼杀，将敌杀退。三是永昌以西水磨关之战，敌人进攻水磨关，企图切断永昌与山丹之间的联系，对红军实行分割包围。30军与敌人激战一昼夜，将敌击退。四是永昌之战，敌人调集五个旅和四个民团的兵力，围攻永昌，被30军一部及总部直属队多次打退。

进驻山丹以后，董振堂部署兵力，加强城防，宣传共产党红军的政策，动员群众支援红军作战，组建了山丹县苏维埃政府和街道苏维埃政权组织，成立了县抗日义勇军，同时派第37团向西前伸三十里侦察探路布防，阻击西堵之敌。

敌马朴、马彪、韩起功的两个骑兵旅、一个步兵旅和一个炮兵营，还有反动民团一部，从山丹四面包围而来，企图夺回山丹城。

敌人兵强马壮，人多势众，弹药充足，向山丹城展开猛烈攻击。先是炮兵轰炸，继而骑兵出击，随后步兵蜂拥而上。红军打退敌人一次又一次进攻，一直血战了三天。

　　第三天中午，董振堂站在城墙上拿起望远镜观察敌阵，见东城门外敌人防守空虚，他抓住战机，即令第13师出城反击，第15师据城掩护。

　　第15师集中火力，向城下敌人扫射，打得敌人无法还击。与此同时，红军打开东城门，第37、39团冲到城外，刀砍枪射，势如破竹，敌人猝不及防，掉头溃退。红军乘胜追击，杀到东门外的长城，又追出一二里地，直至隘门滩，打退了敌人。他们稍稍喘息过后，只见东面远处扬沙弥漫，铺天盖地，滚滚而来。敌人不甘心失败，又重整旗鼓，组织骑兵向红军迅速反扑过来。

　　这一带地势平坦，无遮无挡，有利于敌骑运动作战，不利于红军防守还击。刹那间，敌人蜂拥而至，挥动马刀，横冲直撞。第37团无力抵挡，被敌人冲散，团长李连祥头中敌刀壮烈牺牲。第39团在长城脚下的沙漠之中，既无险要可依，又无高地可据，子弹几近打光，便抽出大刀、插上刺刀奋勇迎敌肉搏。

　　此时，在山丹城指挥作战的董振堂，立刻命令第45团出城，火速增援。第45团冲出东门，绕道迂回，疾速前进，从敌骑背后突然发起袭击，打得敌人四散溃退，掩护第37、39团撤回山丹城。

山丹一战，红5军由于追击过远，遭敌逆袭，伤亡六百多人。但是这一战，也沉重打击了敌人。敌人在这之后的一段时间里，不敢轻易攻城，屯兵二十里之外与红5军对峙，山丹城始终控制在红5军手中。

12月董振堂和徐向前、陈昌浩同时被选为中革军委委员，成为西路军中仅有的三名中革军委委员之一，进入中央政府最高军事领导层。

这时，中革军委再次电告：西安事变和平解决，前途甚佳。西路军仍执行西进任务，西进的时机及如何作战由你们决定。

根据中革军委电令，董振堂率军冒着零下二三十摄氏度的严寒继续西进，30军沿山向倪家营挺进，9军居中抵沙河一线，5军则在攻战临泽后向高台进军。

为了对付敌人的袭击，董振堂缩短了行军距离，以三路纵队行军。"敌人是前阻后追，我们则以追击战的战术动作边打边走。"1936年12月30日黄昏，到达临泽县城，守城敌军稍作抵抗后就弃城逃跑。

红5军政委黄超带37团、43团及其他直属单位固守临泽县城。董振堂和杨克明率领39团、45团、特务团、骑兵团连夜出发，于元月1日凌晨4点左右赶到高台城下。高台守敌仅有骑兵一个连和保安队、民团一千多人。敌人从睡梦中惊醒，吓得惊慌失措，骑兵从西门弃城而逃。除打死打伤的外，俘敌一千四百余人。战斗结束后，对俘虏进行了政策教育，把愿意留下的补入部队，不愿留下的人放走。

高台县位于甘肃省河西走廊中部蜂腰地带，南靠祁连山，北依合黎山，黑河从东南向西北横贯全境，这里是红军西进必经之地，战略地位十分重要。

部队在向高台进军之前，董振堂下了一道极为严肃的口头令，提出三条严格要求：① 进城后在老百姓没有起床开门之前，不准任何人进入民房；② 不准杀害俘虏，不准搜俘虏腰包；③ 不准拿群众一针一线。部队占领高台城后，夜宿街头，不入民宅。天亮后，群众打开门窗看到这种情形深受感动，有的逢人便说这是一支"仁义之师"，有的当即转身进屋给红军烧水，有的拉着红军战士到家中去取暖，有的马上生火做饭给他们吃……

高台人民长期以来深受国民党的压迫和剥削，因此，他们像获得解放似的在黑暗中见到了太阳，热烈拥护工农红军，许多人踊跃报名参加红军。仅 45 团，在几天内就有 528 名新战士入伍。经过短暂的训练，他们就拿起武器投入战斗。

扩军后，随之又遇到新的困难。红军从江西出发长征以来，武器弹药未得到补充，在战斗中缴获敌人的武器弹药也十分有限。45 团平均每支步枪只有十三发子弹，机枪每挺不到一百发，炸药和手榴弹也不多，扩充人员之后，武器弹药更加奇缺。为了消灭敌人保存自己，红军进城后就立即组织该城所有铁匠、木匠赶制大刀、梭镖、铁叉、铁棒以及农民生产用的锄头、木叉等，还用水桶装上水，结成冰砖后当作武器与敌人进行战斗。

部队攻占高台后、召集城区所有商界和有钱户开座谈会，讲红军的政策，动员他们出钱出物，支援红军。当时部队大部分冬衣还没有解决，上级决定，不仅要解决自己的服装，还要给9军、30军准备一部分，遂发动全城妇女，组织缝纫商店，赶制棉衣，捐送毛皮毛毡。

红军攻占了高台，马步青、马步芳深感其老巢受到威胁，纠集其主力部队共计两万余人，欲夺回高台，堵截红军西行之路。马步芳先以一部分兵力牵制红5军位于临泽、倪家营子的主力，后又以大部分兵力，配以飞机、大炮，从1937年1月12日开始，围攻高台城。

敌人用密集的炮火向城内倾泻，城里成为一片火海，许多工事被摧毁。敌人炮击之后，又用骑兵轮番攻城，一天之内，要拼杀几十个回合。

红军进城后不久，敌马禄、马彪、韩起功等部约两万余人，包围了高台，切断了与临泽的联系，并开始向39团防地发起进攻。西城外西北角距城墙六七百米的地方有一个敌人筑的大碉堡——由39团的一个加强排坚守，连同东关外的一个大碉堡，形成全城的两个门户。敌人发起进攻后，全排战士坚守碉堡和附近工事，在守城部队的支援下，打退了敌人无数次冲锋，并向敌人进行多次反击，打死打伤敌人千余人，缴获敌人一部分武器弹药。后因碉堡遭敌炮击起火，坚守碉堡的战士三十余人全部壮烈牺牲，碉堡被敌人占领。

接着，敌人又向45团一个连坚守的东关外大碉堡进攻。这个碉堡距城墙较近，比城墙还高，可以控制全城。敌人不惜一切代价，在炮火的掩护下连续四五个昼夜轮番猛攻，敌伤亡难以计数。由于敌众我寡，碉堡终于被敌占领。东西两侧的大碉堡失守后，守城部队就更加困难了。

守城各部队在支援外围部队战斗中，弹药已消耗得差不多了，全军仅有的一部电台，又被黄超留在临泽，这样就同总部和兄弟部队完全失去了联络。

敌马步芳、马步青长期盘踞西北，素有"西北王"之称。"二马"部队兵种齐全，而且武器精良、弹药充足、彪悍凶猛、杀人成性，常常采取分割围歼战术。早在一年前，"二马"就得知蒋介石发布的"生擒林彪、彭德怀、董振堂、罗炳辉者，各奖十万块大洋"的悬赏令。而在一个月之前，"二马"又收悉西北"剿共"第一路军总司令朱绍良转来蒋介石的悬赏令，称"凡我军民擒获伪军长程世才、董振堂、孙玉清来献者，各赏洋十万块大洋"。

马匪军倾巢出动，与红5军决战。敌人攻陷了城外两座碉堡，消除了攻城阻力，便以更加猛烈的火力攻打高台城，城墙被炸开许多缺口。战斗中，董振堂冒着枪林弹雨，在城墙上巡查指挥。敌人从哪里攻上城墙，他就赶忙调集兵力去哪里增援反击，从早到晚，火里走，烟里钻，跳弹坑，守前沿，一刻也不停歇。

内无弹药、外无援助，经过一整天的血战，红5军损失惨重，如果再这样继续拼下去，必将全军覆没。于是，董振堂命令红5军军部交通队队长张宜友，通知骑兵团长吕仁礼，在北城墙挖洞。为了不使敌人发觉，洞不挖透，待突围时，一捅即破。关键时刻，从此洞可顺利突围，和临泽部队会合，待机破敌。北城外是一片开阔地，北靠黑河，距北山不远。此地敌人力量薄弱，突围出去，可以防止敌人各个击破。吕仁礼带领一个连昼夜施工，三天就挖好了一个宽约一米、高两米的洞，靠城外面留下了一层薄薄的土层，到突围时可以一脚踢开。

正在这危急时刻，军政委黄超派便衣通讯员给董振堂送来一封信。信的大意是：奉总部命令，高台是打通国际路线的重要军事要点，要董振堂坚守高台。董振堂接信后，立即召开了营以上干部会议，宣读了来信，并命令大家："人在高台在！与高台共存亡！"

从1月12日开始，敌人每天进攻，被守城部队一次次打退，城墙下留下了敌军的一堆堆尸体。

敌人的攻击更猛烈了，在各种火力的掩护下，从四周架梯子轮番攻城。我军用各种火器杀伤敌人，子弹、手榴弹打光了，就用刺刀、大刀拼杀，最后就用棍棒、石块、砖头、枪托打，凡能自卫的武器都用来杀敌了，把爬上来的敌人一次一次地打下去。

敌人猛攻了两个晚上，到第三天鸡叫时，防守西城的

39团被敌突破，敌人沿城上城下向南冲击。我军虽然组织了无数次反击，因缺少弹药，没有把敌人打下去。

军政治部主任杨克明和军直机关几个人，坚守一座老财院子，同敌人拼搏，敌人把房子打着起火，杨克明等英勇牺牲。

18日，敌人拆墙破壁，打通了西关的民宅，增加兵力，步步靠近西城墙，同时从东城墙、南城墙发起攻击。空中，敌人飞机盘旋投弹；地上，敌人山炮、迫击炮齐发，轻重机枪齐射，一张立体交叉的强火力网，把高台罩了个严严实实。城里，房倒屋塌，大火冲天，烟雾笼罩。敌人炮火轰击过后，骑兵出击，一色的黄马队、白马队、红马队向城墙飞奔而来。董振堂带领战士拥上垛口，向城下投掷、射击。机关干部、炊事员、卫生员、马夫，这些非战斗人员也都上了城墙。高台百姓也冒死前来参战，他们送水、送饭，抬送伤员。红军战士把开水、面糊糊汤向城下敌人头上浇去。

此时，驻守在倪家营子的西路军总部，截获并破译了敌人的电报。徐向前看罢大吃一惊，得知董振堂在高台已被敌人包围五天，红5军伤亡惨重，情势危急，立即派骑兵师火速增援。

西路军骑兵师是新成立的骑兵队伍，至今还不到三个月。说是一个师，其实只有五百多人马，而且马都是老马、母马，还有首长的坐骑、缴获的伤愈的敌马，战斗力不言而喻。尽管这样，也只有派骑兵师去，骑兵最快。

师长董俊彦，这位跟随董振堂参加宁都起义、曾任红5

军团第 40 团团长、红 5 军第 39 团团长的年轻指挥员，和政治委员秦道贤、政治部主任李庆雍，还有也是宁都起义过来的参谋长李彩云，率领骑兵师于 19 日拂晓从沙河堡出发，一路向西飞奔。当进至明水滩时，他们突遇敌马步銮、马禄所部和青海民团的阻截围击。骑兵师拔刀相向，与敌厮杀，终因寡不敌众，未能突出包围，董俊彦、秦道贤、李庆雍及五百多红军指战员英勇牺牲，增援失败。

20 日拂晓，敌人从西北面攻破了县城，红军突围的路被堵死，剩下的人员便从西往东打。董振堂带着二三十人从大街的西头往东边来，上了东门城楼。在城楼上，董振堂组织指挥部队继续抗击敌人。由于东门已堵死，出不去，董振堂又指挥部队沿着城墙往东北方向冲，又因敌人阻击，不得不退了回来。

就在这危急关头，董振堂在城门楼上，立即做了血战动员，他说："共产党员们，干部们，敌人上来了，为了民族和人民的解放，我们要血战到底！"讲完后，他冲了出去。大家紧跟着董振堂，从东门城楼沿着城墙向东南角冲去。就在他们冲出约四百米的地方，敌人的一颗子弹飞来，董振堂被打中，只见他身子一晃，就从城墙上摔了下去。他的警卫员一见军长摔下，也从城墙外滑了下去；接着，寇惠民和林炳才等人，也跟着滑了下去。

据林炳才《忆董振堂军长牺牲前后》记载："我们到了城墙下一看，董军长灰蓝色的衣服已染满鲜血，躺在离墙脚几米远的地方。警卫员和我扶着董军长的头，让他半躺着。孔建光把军长的衣服撕开一看，子弹从他左胸穿过，鲜血直流。这时，军长已昏迷过去，我们摸他的鼻孔，还有点儿气，于是我们猛叫：'董军长！董军长！'听到我们的喊声，他慢慢地睁开眼睛，用很微弱的声音对我们说：'我不行了，别顾我了，你们赶快走吧！不走就冲不出去了！'他断断续续地讲完后，头一歪，就停止了呼吸。我扶着他的头猛摇，他再也不能说话了。警卫员抱着军长的头痛哭，我们也难过地哭起来。我们围着军长的遗体，想把他抬走，但已经来不及了。这时，天已亮了，敌人又冲过来了，我们不得不迎上去与敌人肉搏……"

20日清晨，敌人全力攻城，红5军又开始了血战。在敌我殊死拼搏的危急时刻，被收编的民团阵前反水，打开城门。霎时，城外的敌人像潮水一般涌入城内，骑兵开路，步兵紧跟，他们一个个就像杀人的魔王，挥刀砍杀，开枪射击，沿着街道快速向前推进。此时，城墙上、街巷里、宅院内，在高台的每一个角落，红军与敌人展开残酷的肉搏，刀砍、枪刺、棒打、砖砸、拳打脚踢、翻滚牙咬……

董振堂率领红5军坚守高台，与敌人血战九昼夜，终因敌众我寡、弹尽援绝，与三千多名红军将士一起壮烈牺牲！

十、高台同哭铁血魂

　　高台失陷后，惨无人道的马匪军血洗高台城，追杀无辜百姓，残杀被俘红军战士，肢解战士尸体，把红军一位护士长活活钉死在大槐树上……敌人割下董振堂的头颅，在高台城楼悬挂了三天，鲜血淋淋，惨不忍睹。几天后，那颗头颅被送到凉州马步青的河西医院，马步青命令院长要好好保存，他要向南京请功领赏。院长做了个白铁筒，倒进烧酒，把头颅放在里面泡起来。

　　两三个月后，马步芳要去董振堂的头颅，马步青又把头颅送到西宁，保存在中山医院。没过多久，天气转暖，为防止腐坏，马步芳让人拍下照片保存，把头颅埋在中山医院西墙外的空地里。

　　董振堂的尸身在哪里？在高台，就在敌我混杂的尸堆里边。

　　新中国成立后，中共中央、中央军委责成叶剑英元帅负责寻找董振堂的遗体，经甘肃省民政厅派员调查寻找，一无

193

所获。

董振堂牺牲后，孙玉清（1910—1937）接任红 5 军军长，他和政治委员黄超带领抚彝的红 5 军余部杀出敌人的包围，一路南下，向沙河堡、倪家营子的西路军主力红 9、30 军靠拢。不料，途中又遭遇敌骑截击，损失数百人，丢失大部辎重。在之后的倪家营子战斗中，西路军又遭重创，人员所剩无几。从此，这支由宁都起义组建的红军队伍——中国工农红军第 5 军团——中国工农红军第 5 军，这个屡立战功、威震敌胆的番号，永远消失了。

1937 年 3 月，浴血奋战五个多月、作战百余次、歼敌二万五千余人的红军西路军，兵败梨园口。红 30 军政治委员李先念带领剩余四百多人进入终年积雪的祁连山，最后到达甘肃与新疆交界的星星峡……

二万一千八百人的红军西路军，战斗牺牲七千人，其中团以上干部就达一百四十三人；被俘九千多人，其中被俘后惨遭杀害五千六百人；被营救返回延安四千七百人；流落民间四千五百人。在战斗牺牲的一百四十三名团以上干部中，仅红 5 军牺牲的就有二十多人。

董振堂从率部起义、参加红军，到为国捐躯，五年多时间里，一直担任红军的高级指挥员，为红军的斗争，为中国革命立下了汗马功劳。

1938 年 12 月，毛泽东在延安与宁都起义部分人员合影的时候，高度评价宁都起义对中国革命的重大影响和深远意义，并在照片上题词："以宁都起义的精神，用于反对日本帝国主义，我们是战无不胜的。"

全国解放后，党和政府在高台为董振堂和红5军烈士修建了烈士陵园。1957年，朱德元帅为陵园正门楣额题写了"烈士陵园"四个大字，并题词："伟大的革命先驱者的事迹和英名，将永远留在人民的记忆里。"

当年，徐向前元帅题词："振堂、海松、厚发、启华、义斋及西路军牺牲的诸烈士们，你们为中华民族的解放和劳动人民的利益坚韧不拔、自我牺牲的精神和英雄气概是我军无上的光荣。"

国家主席李先念题词："红军西路军烈士永远活在我们心中！"

1985年10月，徐向前元帅在回忆录《历史的回顾》中写道："董振堂是宁都暴动的主要领导人之一。他指挥的5军团，在中央红军反'围剿'中，在长征途中，在与红四方面军会合后的转战中，英勇奋斗，做出了重要贡献……红四方面军南下期间，他一面积极完成作战任务，一面站在朱老总一边，对张国焘的分裂主义进行抵制和斗争。他和杨克明、叶崇本、刘培基、董俊彦、秦道贤等许多指战员的牺牲，是党和人民的重大损失。"

十一、世间谁不忆英雄

董振堂的夫人贾明玉，勤俭朴实，一直在家务农，侍奉公婆。尤其是在河南界首避难的那几年，她为了维持全家人的生活，更是受尽了千辛万苦。

当贾明玉得知董振堂牺牲的消息时，伤心到了极点。从1910年，与董振堂结婚后的二十多年时间里，她大多时候都是一个人带着孩子，吃力地操持着一家人的衣食住行，很少和丈夫见面。这些困难、这些辛酸、这些思念，在贾明玉看来，都算不了什么。然而，当丈夫牺牲的噩耗传来的时候，当马家军惨无人道的恶行点点滴滴传来的时候，她再也抑制不住泪水，极度悲痛之余，只能每天一遍又一遍地翻看董振堂留下的遗物：衣、被、书、笔、笔记、书箱等。

"八路军领导宋任穷、王任重、陈再道曾在我们家小住过。1939年3月，日本鬼子占领了新河县，我们村成为四方拉锯的游击区。日本鬼子非常仇恨抗日军属，在一个汉奸的带领下，两次到我家抄家，并且扬言要火烧我家的房子。当

196

时因我家群众关系好，在村民的帮助下，才没有纵火烧房。但日本鬼子抢走了我家的粮食、农具、家具、衣物和其他所有能用的东西。我爷爷收藏的书也都被抢走了，唯独装书用过的小帆布手提箱，一直保存了下来。"董乃煌介绍。

"日本鬼子抄家以后，我家被逼无奈，在我三爷爷和我奶奶的带领下，我们一家老弱病残十八人分几拨流浪到石家庄、天津等地，然后又会聚到河南界首，为避免杀身之祸，隐姓埋名，我们对外称姓赵（董振堂的母姓），靠纺纱换钱维持生计……"董乃煌说。

1940 年，董振堂的哥哥，时任国民党第 33 集团军副师长的董升堂将军，在八路军驻重庆办事处见到了周恩来和叶剑英，周恩来沉痛地说："董振堂同志已经牺牲了。他没有错误。"并通知八路军，保护董振堂烈士的家属。

日寇投降后，1945 年，新河县解放，刘伯承派人把董振堂的同族堂兄董书堂接到设在邯郸冶陶镇的晋冀鲁豫军区司令部，亲自接见，商讨将董振堂烈士家属接回原籍事宜。夏天，贾明玉全家从界首回到西李家庄，首长又派杨绍先等冀南军区领导到新河县给董家分了房子和土地，并送来六十万元边币。贾明玉用五万元边币买了一头牛，还买了粮食、棉花、家具和一些生活用品。从此，他们重新安家，过上了安定的日子。董光权来到董家的老宅院，从残垣断壁的墙缝里，找到了日本鬼子抄家时他偷偷藏在墙缝里的叔叔的照片。这张照片，是董振堂在西北军时拍摄的。从墙缝取出时，照片下面三分之一已经霉烂，从多半身像变成了半身头像。这是迄今为止发现的董振堂唯一的原始照片。贾明玉把这张照片珍藏了一辈子，思念了一辈子。王幼平一次开会时遇到邓颖超，说董振堂的夫人还健在。邓颖超让王幼平转告时任民政部部长的崔乃夫，让他好好给予照顾。不久，民政部把贾明玉的抚恤金由每月三十八元调到了每月六十元。总政还给贾明玉办了公费医疗，落实在解放军总医院，解决了后顾之忧。

董振堂女儿董光苔在回忆录中写道："1948年，党组织将我送到了石家庄中学学习。新中国成立后，在毛主席的亲切关怀下，我来到了北京女子第三中学学习，后考上了北京工业学院，就是现在的北京理工大学。因为当时刚解放，到处都需要人，所以党组织劝说我留校工作。"

1958年，毛主席和周总理亲自指示，把董振堂的老伴贾明玉接到北京，在北京西城区福绥境大楼分给了两套楼房，由长媳李平阁和女儿董光苔陪着一起生活，并由总政照顾，颐养天年。

1985年8月3日，中共中央总书记胡耀邦在中共甘肃省委书记李子奇等领导的陪同下，从张掖来到高台烈士陵园。在烈士纪念堂，面对红5军军长董振堂的遗像，胡耀邦凝视了好大一阵，说道："董振堂是个人才，是一位好同志。"在松柏掩映的红5军烈士公墓前，他详细观看了墓碑，并绕墓一周。在董振堂、杨克明烈士纪念亭，胡耀邦默读了烈士生平介绍。

到接待室落座后，胡耀邦说："这个陵园小了点儿。"时任中共高台县委书记夏培生说："我们打算今后再扩大六十亩，达到一百二十亩。"胡耀邦说："董振堂是个好同志，应该搞董振堂同志的塑像，要用大理石搞好。"

1986年11月14日，高台县委、县政府派副县长刘丹庭带领党史办、民政局的人员赴北京汇报落实胡耀邦总书记的指示和烈士陵园扩建事宜，争取上级支持。其间还到中国人民革命军事博物馆复制了一件董振堂赠送给朱德总司令的一个毛毯，现陈列在高台中国工农红军西路军纪念馆里。

胡耀邦高台之行后的1995年3月，高1.2米、宽1米、基座高1.12米的董振堂和杨克明半身汉白玉雕像落成，安放在烈士纪念堂内。

在西李家庄董振堂故居的展柜里，我们看到了毛泽东主席亲自签发的董振堂烈士家属光荣证。董乃煌指着展柜里的一张照片说："这是我们前几年重回界首时与村里的乡亲们合拍的照片。我们一直隐姓埋名在界首县乡下生活了多年。新中国成立后，党中央一直在惦记着我们，一直在寻找我们的家人，听说寻找了多年，当得知我们在界首后，马上派人把我们全家接回西李家庄。"

"1946年，土地改革时，宋任穷又派冀南军区领导来我们新河，分给我家几间房子、几十亩土地和六十万元边币，让我们重新安家生活。1958年，我祖母被中央政府接到北京，本来安排进了中央疗养院，可是我祖母不愿给国家增添负担，执意不进疗养院。党和政府尊重我祖母的意愿，对我家更是厚待有加，让我祖母享受公费医疗。逢年过节，国家领导人和解放军总政治部、国家民政部的领导经常去看望我祖母，并邀请祖母参加中央的招待会和文艺晚会。"说着说着，董乃煌眼里涌满了感激的泪花。

董光苔说："我母亲从那时起就一直和我生活在一起，帮助我照顾两个年幼的孩子，一直到他们长大成人。孩子们和姥姥感情也非常好。1983 年，母亲生病，10 月 19 日在301 医院去世，享年九十岁。"董光苔告诉记者，她和丈夫陈凌最大的心愿就是有生之年能再到甘肃来一次，为父亲扫墓。

在董振堂的影响下，他的长子董光楹参加了游击队，次子董用威也参加了抗日工作，其他子孙都成了各行各业的优秀人才。

十二、碧血丹心照后人

董振堂是河北省参加红军长征的最高级别将领。他历经种种艰险和考验，始终对党对真理忠贞不渝，他用自己辉煌而悲壮的一生诠释了国家民族面前的生死大义，彰显了一个共产党人和革命军人的高尚情操。

我首次去新河采访董振堂的事迹，是2018年1月20日，正是董振堂将军牺牲八十二周年纪念日，新河县正在举办"纪念董振堂将军牺牲八十二周年"诗歌朗诵会。新河县主要领导都参加了，皆朗诵了自己创作的歌颂董振堂将军的诗歌。表演者个个激情满怀，慷慨激昂，场面深情而热烈。人们缅怀董振堂将军短暂而英雄的一生，表达对先烈的怀念，体会今天幸福生活的来之不易。其中，许多来自新河县各个学校的师生，看着这些孩子们稚嫩而又充满激情的表演，不禁勾出我的一个记忆画面——平时在看电视时，偶尔会看到这样一个情节：我方与敌人正在交火的紧急时刻，却有怀孕的女人要生孩子，为保护女人顺利生产，战斗打得异常惨烈，双方死伤惨重。

董振堂就打过这样一仗。曾担任过《人民日报》副刊部主任的郭晨专门为红军干部休养连采写了一本书，叫《特殊连队——红一方面军干部休养连长征》，进行了详细描述。

那是二渡赤水之后，国民党潘文华部三个旅紧紧追在军委纵队后面，董振堂率领第38团和第39团担任后卫任务，两个团轮换阻击、交替跟进，以确保军委纵队后方安全。

在贵州白苗地区，为躲避敌人，红军军委纵队每天行军很早，往往天不亮就出发。一天早晨，已经走了很远，天才黎明。8点多钟，太阳出来了，敌机也出来了，在天上呼呼盘旋。地下，国民党兵追了上来，隐隐地能听到炮声。5军团还在打后卫，掩护军委纵队前进。军情紧急，行军速度不得不加快。

偏偏在这时，躺在担架上的陈慧清突然喊起肚子痛。原来，陈慧清已怀胎十月，这时要生产，痛得在担架上不住翻滚。

陈慧清是军委纵队干部休养连妇女队女战士，是政治保卫局局长邓发的妻子，在从江西出发时就已身怀有孕，她本来拄着一根棍子挺着大肚子独自行走，实在疼痛难忍了，才躺在担架上。

情况紧急！

这时，第38团急匆匆地赶过来，他们在后面打完阻击，把阵地移交给交替阻击的第39团，到前面延伸二十里布防。团长吴克华催促几个掉队的女战士跟上。

干部休养连有三十多名女战士，她们从江西出发，在敌人的围追堵截中，伴着枪林弹雨，一路翻山越岭，长途跋涉，比一般战士艰辛更甚。

正在陈慧清痛得打滚要生孩子时，枪声越来越激烈，第39团正与追敌激战。

军委纵队干部休养连党总支书记、妇女队队长是董必武，听说女兵要生孩子，非常着急，立即让人把陈慧清抬到路边的一间破房子里，让医生孙仪之在屋里接生，他和干部休养连连长侯政在屋外守卫。

陈慧清在屋子里痛得直打滚。这时，产妇特别需要丈夫的抚慰，董必武派人把邓发叫来，但邓发不是医生，只能站在一边干看着，束手无策，急得在陈慧清身边走来走去，并不时往外张望，看敌人追到没有。

敌机在头上飞，敌人在后面追，枪声越来越近，孩子就是生不下来，陈慧清都痛得衰竭了，孙仪之也是干着急没办法，在屋子里踱来踱去，一筹莫展。

急上加急，偏偏陈慧清遇上难产！

屋外的侯政也急得坐不是站不是，他劝董老先走，董老却稳稳当当地坐着，不动声色地说："别急别急，想想看，还该准备点儿什么东西。万一生不下来怎么办？"

枪声越来越密集，敌人越来越近。

紧急关头，董必武想到红5军团军团长董振堂，他急忙喊："快去告诉董振堂，前面有红军女战士正在生孩子，请他们一定顶住敌人，让女战士把孩子生下后，再撤出阵地。"

董振堂很干脆："你们不要管了，产妇慢慢生吧，我们顶着敌人！"

董振堂立即命令部队重返阵地，阻击追敌。并让来人告诉董必武，有5军团在，一个敌人也别想过来。他立即命令团长吴克华把部队掉转方向，跑步前进，不到半个小时又重返阵地，好在敌人还未占领阵地，正组织兵力发动新一轮进攻。

接下来的两个多小时，董振堂与战士们击退了敌人的一次次进攻，阻击战越打越激烈。

快要11点了，陈慧清在破房子里终于喊完最后一声痛，婴儿才降生。

俗话说，女人生孩子如过鬼门关。而在长征中，红军女战士生孩子更像在阎王殿里寻找生路。仅当时的干部休养连里，就有5名红军女战士生孩子，她们无不遭受类似的痛苦。这样的事，不但怀孕女战士要忍受巨大的痛，对连队来说也是一件难以处理的麻烦事，不少同志要为此操碎心。作为队长的董必武，考虑极其周到，为产妇准备纱布、药品、包小孩的布。孕妇临产时，董必武不放心，部队出发，他不肯先走。连里的同志们都暗暗焦急，不知道产妇什么时候生，又怕敌人追上来，只好催董必武快走。可是，董必武非得等小孩平安问世才肯走。孩子降生，女同志们把婴儿洗干净，用布包好，含着泪寄放在老百姓家里。这是那个特殊年代特殊时候的无奈之举。每一次，董必武都亲自给寄主写信，字写得工工整整，恳切感人，有时纸上还滴着董老的眼泪。

陈慧清生了孩子，当然也无法抱走。董必武让民夫将处于昏迷状态的陈慧清抬走，叫侯政协助孙仪之善后。

此时阻击战越打越激烈，婴儿带不了，孙仪之用一块白布和棉花包裹好婴儿，连同董必武写的条子"收留这个孩子的人，是世上最善良的人"和几块银圆，留在屋里，沾满污血的手自然来不及擦。就急赶大部队去了。

董必武赶紧派人快马加鞭，通知董振堂撤出阵地。

当一个指挥员得知一团人打阻击，只是为了生孩子时，埋怨道："为了一个孩子，牺牲了多少战士，太不值得了！"

董振堂严肃地说："我们革命、打仗，不就是为了革命的后代吗？"

郭晨感叹道："是的，革命，共产党的宗旨，革命者的流血牺牲都是为了千千万万的孩子，为了子孙后代的幸福。虽然，在革命的过程中，革命者往往保不住自己的孩子，可他们的确保护了千千万万的孩子。"

谁不为此而感动！

一位抗战老兵有一句话："我们不怕死亡，就怕遗忘。"这是抗战老兵的肺腑之言。其实，"死亡、遗忘"固然不该，而"死亡"之后，又受到人们的误解，被社会忽视，就不仅仅是"不该"了，而是一个国家的悲哀了。由于众所周知的原因，"西路军"曾是一个敏感的话题，好在历史是公正的，好在我党是英明的，"西路军""董振堂""高台血战"等一系列的历史越来越被人们关注，这是董振堂将军之幸，这是西路军之幸，这更是中华民族之幸！

如今，在新河县，在邢台市，在河北省；在甘肃省，在张掖市，在高台县；在江西省，在宁都县，甚至在全国，提起西路军，提起董振堂，提起宁都起义，提起湘江血战，提起高台血战，当地人无人不晓。

而在董振堂家乡新河县，董振堂不仅仅是当地人心目中的大英雄，更是人们心目中的一个偶像。也许，今天的一些普通百姓并不知道董振堂详细的故事，但你去大街上随便问一个当地人，他们都会说，董振堂，听说过，那是一个英雄。

八十多年后的今天，在新河，你处处可见董振堂对当地人民的影响，1947年，冀南行署曾把新河县改名振堂县，1950年由于行政区重新划分的原因，复名新河县。现在，新河有振堂中学、振堂小学、振堂公园、振堂路……当然，也有董振堂事迹陈列馆。2005年，新河县开始筹建建筑面积782平方米的董振堂事迹陈列馆，用以展示董振堂追求光明、投身革命、浴血奋战直至悲壮牺牲的光辉历程。2006年10月26日，河北省委省政府在此举办了全省红军长征胜利七十周年纪念活动暨董振堂事迹陈列馆和铜像落成揭幕仪式。董振堂事迹陈列馆自开馆以来共接待来自全国各地的参观者三百多万人次。

我在振堂中学——这也是新河县唯一一所重点初中里，看到处处都有董振堂的影子，学校的墙壁上，画着董振堂的英雄事迹的连环画；院里的宣传牌上，贴着向董振堂学习的标语……振堂中学校长说，革命传统教育是国民教育重要的组成部分，是一个国民素质的根本来源。

　　我们的英雄永远不会被后代们遗忘，虽然在八十多年的漫长岁月中，董振堂将军看似没有其他将军影响大，但他的功绩，随着时间的淘洗，越来越重，越来越重！